ÉLOGE HISTORIQUE

DE

M. SABATIER.

ÉLOGE HISTORIQUE

DE

M. SABATIER,

PROFESSEUR de la Faculté de Médecine de Paris; Chirurgien consultant de S. M. l'Empereur et Roi; Chirurgien en chef de l'Hôtel impérial des militaires invalides; Membre de la Légion d'Honneur et de l'Institut impérial de France; Associé des Académies de Naples, Bologne, Vienne, Madrid, Saint-Pétersbourg, et des Sociétés de Médecine de Paris, Montpellier, Anvers, Liége, de la Marine de Brest, etc.

PAR M. PERCY,

Baron de l'Empire; Commandant de la Légion d'Honneur; Chirurgien Inspecteur général des Armées françaises; Chirurgien consultant de leurs Majestés Impériales et Royales; Membre de l'Institut impérial de France; Professeur de la Faculté de Médecine de Paris; Associé étranger de l'Académie Joséphine impériale de Vienne en Autriche, de celles de Berlin, Madrid, etc.

A PARIS,

DE L'IMPRIMERIE DE DIDOT JEUNE,

Imprimeur de la Faculté de Médecine.

M DCCC XII.

ÉLOGE HISTORIQUE

DE

M. SABATIER.

La Faculté de Médecine de Paris vient encore de perdre un de ses membres, et c'est celui qu'elle était, depuis plus long-temps, habituée à honorer et à chérir. Cette fois, il est vrai, la mort ne s'est pas méprise ; elle a nombré les palmes et les années (1), mais elle n'a pas compté avec nos cœurs ; elle nous a ravi, trop tôt encore, notre ami, notre conseil, notre modèle ; elle a tranché des jours qui étaient encore nécessaires à notre bonheur, à notre gloire, à notre exemple.

Ce ne sont pas des larmes, mais des

(1) .... *Mors palmas numeravit et annos.*

Audoeñ.

fleurs que nous avons à répandre sur la tombe du grand homme qui n'est plus. En déplorant sa perte, nous devons imiter le courage et la résignation avec lesquels il a douloureusement vidé la coupe de la vie. Plaignons-nous seulement du destin, sourd à nos vœux, qui ne lui a pas permis de jouir, quelques ans de plus, de sa renommée, de notre attachement, de la tendresse de sa famille ; et rappelons-nous que la justice des hommes n'attendit pas qu'il eût cessé de vivre pour lui payer un tribut tardif de respect et de gratitude ; que l'estime, la vénération et la reconnaissance publiques, que les plus douces consolations environnèrent son heureuse vieillesse ; et que, de son vivant, il obtint en quelque façon les honneurs de l'immortalité.

Sa mémoire, d'avance consacrée ; son nom, depuis long-temps inscrit parmi ceux des hommes illustres ; ses titres, tous mérités, tous ennoblis par ses mœurs, ses talens et ses services : voilà son plus bel éloge. Mais les principales circonstances de sa vie appartiennent à l'histoire ; l'histoire réclame des détails sur ses travaux ; elle veut le ré-

tit de ses vertus, si peu mêlées des imper-
fections dont la nature n'exempte aucun
mortel; et c'est ce tableau que nous allons
essayer d'offrir à l'imitation de nos contemporains et à l'émulation de la postérité (1).

La Chirurgie française, si florissante sous
quelques règnes (2), et sous d'autres si dé-
gradée (3) ; tantôt fille adoptive et savante
de l'Université, et tantôt esclave avilie, repoussée de son sein; luttant sans cesse contre
sa mauvaise fortune, et toujours dans ses
malheurs entretenant le feu sacré, venait
enfin de relever son front trop long-temps
humilié, et de s'affranchir d'une odieuse tu-
telle. Elle avait repris parmi les sciences, et
dans l'opinion des hommes, le rang d'où
l'avait fait descendre une honteuse association (4); les lettres y rentraient après un
long exil ; le privilége du savoir et le droit

(1) Je devrais dire ici comme Stace, en parlant de Lucain,
*Ego non potui majorem tanti autoris habere reverentiam,
quàm quòd, laudes ejus dicturus, hexametros meos timui.*

(2) Sous ceux de Louis ix, de Philippe-le-Bel, du roi Jean,
de François i*er*.

(3) On citera celui de Louis xiii, quoique ce prince eût
accordé de grands priviléges au corps des chirurgiens de Paris, et eût ajouté une fleur de lis à ses armes.

(4) En 1651. Chacun connaît cette malheureuse époque.

de l'enseignement lui étaient rendus; Félix avait préparé son émancipation (1); Mareschal et Lapeyronie rappelaient ses beaux jours; les portes de l'Académie des Sciences s'étaient ouvertes pour Méry et pour Petit; le silence des Ecoles avait cessé, et la création de l'Académie de Chirurgie était à la fois le gage de la faveur royale, et l'augure des plus brillantes destinées.

Ce fut au milieu de tant d'événemens heureux que M. Sabatier vint au monde, comme pour les justifier de plus en plus, et pour en accroître encore les prospérités.

Il naquit à Paris le 11 octobre 1732, de Pierre Sabatier, membre estimé du Collége et de la nouvelle Académie de Chirurgie, et d'Elisabeth Beuselin, son épouse.

Son entrée à la vie, quoiqu'il y eût apporté un corps en apparence très-débile, fut signalée par des agitations et des vagissemens si extraordinaires, qu'ils surprirent et alar-

(1) Charles VI mourut à Vincenne, d'une fistule à l'anus. Il est prouvé que les cardinaux de Richelieu et Mazarin périrent lentement de la même maladie. Louis XIV en guérit par l'opération que lui fit Félix, son premier chirurgien; et cette cure fut une source de bienveillance et de munificence pour la chirurgie française.

mèrent également les assistans. Parmi ceux-ci était un vieux parent, fort instruit, mais prompt à s'enthousiasmer, lequel, ayant pris dans ses bras, et considéré un instant le nouveau-né, s'écria, avec l'accent de l'inspiration : *Que croyez-vous que sera cet enfant?* (1) *Appelons-le Raphael, et qu'il soit le Bienvenu?* Ces prénoms furent acceptés par la famille, et Sabatier père, quoique homme d'esprit et de bon sens, ne put se défendre de croire au présage de supériorité et de bonheur qu'y attacha son ami: tant les espérances que donne un fils sont douces et chères au cœur paternel!

Nous sommes loin d'ajouter foi à ces sortes de prédictions, ni d'attribuer aux noms la moindre influence. Combien d'enfans, appelés, au berceau, Achille ou Hercule, n'ont été dans la suite que des Thersites ou des Pygmées! Mais on conviendra du moins que M. Sabatier a accompli son horoscope et vérifié ses prénoms, dont l'un rappelle un talent porté au plus haut degré de perfection, et l'autre annonce l'accueil réservé au mérite aimable et modeste.

(1) *Quis putes puer iste erit ?* St. Matth.

L'enfance de M. Sabatier n'offrit rien de particulier. Il ne se fit remarquer de ses premiers maîtres que par une extrême pétulance, qui fut souvent prise pour de l'indocilité. Ce ne fut qu'à treize ans qu'il commença à montrer du goût pour les langues savantes, et que, pour la première fois, depuis son admission au collége des Quatre-Nations, dont la maison de son père était voisine, il obtint un de ces succès dont le plaisir avait été si vif pour Loewendal, écolier, que, devenu général en chef d'armée, il ne put encore lui comparer que celui d'avoir gagné une grande bataille (1).

Le jeune Sabatier dut le prix qu'il remporta au discours latin sur la convalescence de Louis xv, qu'il était allé entendre prononcer au collége de Louis-le-Grand, par le jésuite Geoffroy, et dont les beautés, qu'il sentit encore mieux à la lecture de cette riche composition, l'enflammèrent d'une ardeur toute nouvelle pour l'étude (2).

____

(1) Le maréchal de Loewendal disait qu'il n'avait eu dans sa vie que deux grands plaisirs, celui de remporter un prix au collége, et une victoire à l'armée.

(2) *Oratio habita,* etc., anno 1745.

La physique vint bientôt éveiller son attention. En même temps qu'il s'y appliquait,
il suivait les leçons du célèbre abbé Caille
sur la géométrie, et il trouvait encore le
temps d'apprendre l'anglais, l'italien, la musique et le dessin : talens dont les uns devaient le faire quelquefois briller dans le
monde, et dont les autres ont été le charme
de toute sa vie.

Son père, craignant que tant d'application
ne fatiguât trop des organes si faibles, lui
proposa vainement des dissipations propres
à les fortifier. L'esprit de son fils allait au-
devant de l'instruction, et son imagination,
vive et ardente, s'emparait de tout ce qui
pouvait exercer son activité.

A dix-sept ans, il fut reçu maître ès-arts.

Avec les connaissances qu'il avait déjà
acquises, il était propre à tous les états. Un
de ses oncles maternels, homme considéré,
se disposait à lui en procurer un qui eût
porté l'aisance dans sa famille, alors accrue
de quatre autres enfans, lorsque la mort
vint frapper subitement ce bon parent, et
détruire les espérances qu'il avait fait con-
cevoir. Cette catastrophe décida, non la

vocation, mais le sort de Sabatier, et la chirurgie fit son profit des rigueurs et du caprice de la fortune.

Il avait d'abord été résolu qu'il serait médecin, et que son jeune frère embrasserait la chirurgie (1). Leur père, quoiqu'il eût toujours exercé cette profession sans bassesse ni servilité (2), semblait sacrifier encore à l'usage et au préjugé, en mettant l'une avant l'autre ; mais son intention était plutôt de les réconcilier ensemble, à l'ombre de l'amitié fraternelle ; il voulait montrer qu'elles ont une origine commune ; qu'elles sont liées par une sorte de consanguinité ; qu'on peut bien les cultiver à part, mais qu'on ne saurait les diviser réellement ;

(1) M. Sabatier jeune se fit médecin ; il a été long-temps attaché en chef au service de la marine à Brest. Au commencement de la révolution, il fut appelé à Paris, comme membre du comité de santé. Il est mort plusieurs années avant son frère. C'était aussi un homme de beaucoup d'esprit et d'une instruction très-variée et très-étendue. Il n'était point partisan du nouvel ordre de choses, et il en parlait avec un scepticisme et une franchise qui, plus d'une fois, firent trembler pour lui sa famille et ses amis.

(2) *Artis suæ dignitatis plenus, praxim chirurgicam, non demissè et serviliter, barbitcnsorum more, sed honestè, et magistrali gravitate exercuit.* Index funereus.

qu'elles tirent leur force de leur union ; qu'elles appellent l'estime publique par leur estime réciproque, et qu'elles parviennent à la confiance des autres par la confiance que chacune d'elles marque à sa congénère.

M. Sabatier, qui peut-être avait été ébloui par les avantages que la chirurgie venait de reconquérir, et par les rayons de gloire et d'espérance dont elle recommençait à briller, réclama pour elle et pour lui le droit d'aînesse, qui ne put lui être contesté.

Il alla donc aux écoles de chirurgie, où les cinq chaires de professeurs, comme au temps de François I.er (1), avaient été relevées, et d'où l'autorité avait enfin banni une réunion d'hommes qui, à une époque désastreuse, et sous le prétexte de l'émulation, s'y était établie, et y disputait la place aux maîtres légitimes.

Ces chaires, si long-temps muettes, y retentissaient de l'imposante voix des Petit et

____

(1) Alors la chirurgie était érigée en Faculté, dont les membres s'appelaient *chirurgi togati*, chirurgiens de robe longue. Il y avait des bacheliers, des licenciés, et des docteurs en chirurgie.

des Verdier, qui y expliquaient les secrets d'un art que leurs efforts et leur nom avaient si puissamment contribué à retenir sur le penchant de sa ruine.

M. Sabatier s'attacha à ces deux professeurs; il aimait à voir l'un exposer les instrumens dont il savait si bien se servir, aux regards curieux de ses auditeurs, leur en développer la structure, les qualités, les défauts et l'usage; et, trompant par cet heureux artifice leur indifférence ou leur inapplication, ranimer peu à peu les études languissantes, et préluder habilement au savant cours d'opérations pour lequel il sentait la nécessité de préparer ainsi des esprits sur qui l'attrait seul de la nouveauté pouvait agir.

L'autre l'intéressa d'autant plus vivement, qu'il avait déjà acquis quelques notions sur l'anatomie, et qu'il pouvait mieux comprendre les leçons d'un démonstrateur dont il était destiné à relever un jour la gloire, et à surpasser encore les talens et la réputation (1).

______

(1) M. Sabatier a dit, en plusieurs endroits de ses ouvrages, que Verdier avait été au-dessous de sa réputation, et comme chirurgien et comme anatomiste.

Il entra aussi, comme élève, à l'hôpital de la Charité, où les services de son père, successeur des deux Le Dran, et devancier de Faget, étaient encore récens (1). Alors des moines, oubliant l'humilité de leur institution, avaient usurpé tous les pouvoirs, toutes les fonctions, et étaient devenus assez puissans pour faire destituer Louis, pour changer Dufouart, et tourmenter le paisible et respectable Sue. L'orgueil de leurs prétentions était allé jusqu'à vouloir rendre ces hommes célèbres les simples spectateurs des opérations qu'ils se croyaient en droit de faire eux-mêmes; et ils se seraient encore emparés de l'enseignement, si le ridicule, s'attachant à leur incapacité, n'eût fait rougir la jeunesse de l'obligation d'entendre de pareils maîtres.

M. Sabatier ne contribua pas peu à dégoûter ses jeunes compagnons de la grossière et dangereuse instruction qui leur était offerte. Mais il ne dédaigna pas de même ces détails minutieux, ni ces petits exercices de la chirurgie ministrante, qui sont le par-

(1) Sabatier père avait été chirurgien en chef de l'hôpital de la Charité.

tage des commençans, aujourd'hui peut-être trop portés, par un vain amour propre, à les négliger. Il savait qu'ils sont comme les principes élémentaires de la main et des yeux, par lesquels Quesnay a eu raison de dire que la chirurgie doit passer pour arriver à l'esprit (1), et il s'en acquittait avec tout le scrupule d'une ame honnête et compatissante, et toute la ferveur d'un novice qui aime à remplir ses devoirs, et qui brûle du desir d'apprendre.

Le fruit de ces heureuses dispositions lui devint bientôt nécessaire. Son père, dont l'état faisait la principale ressource de la famille, fut attaqué d'une maladie de laquelle il ne devait pas guérir. Il fallut que le fils le remplaçât chez les personnes à qui il avait coutume de donner des soins, et qui consentaient à se confier à sa jeunesse et à son inexpérience.

Guidé par les conseils paternels, par un jugement précoce, et par une prudence au-dessus de son âge, il fit si bien, qu'aucun malade ne se repentit de l'avoir accepté; et

____

(1) Préface du premier volume des Mémoires de l'Académie de Chirurgie.

il goûta le plaisir, si pur et si doux, de soulager l'infortune de ses bons parens, et de consoler le malheur d'un père gémissant de ne pouvoir plus rien faire pour ses enfans.

L'œil de M. Sabatier était déjà habitué à discerner le danger des maladies. Il ne put, par rapport à celle de son père, se livrer aux illusions de la tendresse, et la science du pronostic, toujours si utile, mais, dans ce cas, si cruelle, lui donna la douloureuse certitude que la fin de l'auteur de ses jours n'était pas éloignée.

Au chagrin de ne pouvoir la retarder se joignait celui de songer qu'après la mort d'un père si chéri, sa famille serait privée des secours qu'elle trouvait dans le produit d'une clientèle, que, faute d'un titre légal pour exercer, il serait forcé d'abandonner. Il fallait en effet qu'il fût reçu. Mais comment, si jeune encore, et si dépourvu de moyens pécuniaires, pouvait-il espérer de remplir une formalité si difficile et si coûteuse?

Il est une providence pour les bons cœurs, et surtout pour les bons fils. Le corps des chirurgiens de Paris, ayant été témoin de sa piété filiale, et de son assiduité aux écoles et aux hôpitaux, voulut l'en récompenser en avançant pour lui le temps marqué pour les épreuves, et deux sœurs de sa mère se réunirent pour subvenir aux frais les plus indispensables.

Dans ses examens, alors plus nombreux, et plus rigoureux encore qu'ils ne le sont à présent, M. Sabatier n'eut pas même besoin de l'indulgence de ses juges; ses réponses, claires et précises, acquirent un surcroît d'intérêt par le ton modeste et respectueux qui les accompagna; il brilla surtout, graces à l'étude qu'il avait faite des sciences exactes, et en particulier de la géométrie, dans une discussion sur la force et le mouvement musculaires, mathématiquement expliqués par Borelli. Aussi, par reconnaissance pour le service qu'elles lui avaient rendu en cette occasion, il les cultiva dans la suite avec un nouveau soin ; d'où lui vinrent cette rectitude d'idées et cet esprit d'ordre et d'analyse qui présidèrent à toutes ses actions, qui distinguèrent si éminemment tous ses écrits, et leur imprimèrent ce caractère de gravité

et de régularité qui s'étendit jusqu'à sa personne (1).

Deux ans s'étaient à peine écoulés depuis
que Louis, jaloux de profiter des honneurs
littéraires rendus à sa profession, avait soutenu cette première et fameuse thèse latine
qui, malgré les traits de la satire (2), dé-
montra qu'autant la chirurgie, à laquelle
l'auteur appliqua si ingénieusement l'em-
blème du serpent de Moïse (3), était per-
nicieuse lorsqu'on la forçait de se traîner
servilement, autant elle était salutaire lorsqu'on lui laissait prendre un libre et noble
essor (4).

Heureux d'imiter un si bel exemple, et

(1) Il fut reçu le 30 mai 1752.

(2) Procope, et probablement Antoine Petit, publièrent les
pamphlets qui coururent dans le temps, et dont le public ne
s'amusa qu'un moment.

(3) Voici le titre de la thèse de Louis : *Positiones anatomicæ et chirurgicæ de Vulneribus capitis, quas, præside* Sal-
vatore Morand, *tueri conabitur* Antonius Louis, *Parisiis, in
regiis Chirurgorum Scholis, die 25 septembris anni* 1749 *, pro
actu publico et solemni coaptatione.*

(4) Louis avait fait graver à la tête de sa dissertation le
serpent d'airain élevé dans le désert par le législateur du
peuple d'Israël, et avait ajouté cette belle devise : *Noxius
reptando ; excelsus, spes certa salutis.*

d'avoir à se soumettre à un usage si honorable, M. Sabatier emprunta à son tour la langue de Celse pour son acte d'inauguration, et les docteurs assemblés pour l'argumenter, furent encore cette fois obligés de convenir qu'un *chirurgien pouvait parler latin tout aussi bien qu'un autre.*

Le sujet de sa dissertation fut l'opération de la bronchotomie (1). Il n'avait pas encore vingt ans, et, à cet âge, devenu membre du Collége, et, ce qui en était une suite, de l'Académie de Chirurgie, il pouvait s'asseoir parmi les Malaval, les Quesnay, les Petit, les Hévin, les Foubert, les Delafaye, les Simon ; il pouvait assister et prendre part aux discussions les plus importantes et les plus instructives, et ce précieux avantage devait hâter pour lui l'époque de la maturité et de la perfection. C'est en vivant avec les grands hommes qu'on apprend à le devenir soi-même. Si, à leur approche, notre pensée est plus recueillie et plus profonde; si nous sentons que leur gloire échauffe et électrise notre ame ; si leur exemple nous

____

(1) *De Bronchotomiá, Theses anatomicæ et chirurgicæ* 22 septemb. 1752.

inspire ces élans généreux et cette noble impatience qui n'appartiennent qu'au génie, n'en doutons pas , la nature veut que nous soyons leurs émules et leurs rivaux. C'est ainsi que le jeune Sabatier fut averti de ses forces , et qu'il apprit le secret de sa destinée.

Cette découverte n'avait point échappé à Busnel, président de la thèse, et il l'avait communiquée à ses confrères d'une manière bien flatteuse pour le candidat, en leur annonçant que bientôt la Chirurgie française aurait un habile homme de plus; prédiction qui s'est réalisée dans toute son acception et dans toute son étendue.

Cependant M. Sabatier avait à se roidir contre plus d'un obstacle , et deux devoirs également sacrés et pressans pour lui partageaient péniblement ses journées. La mort de son père l'avait mis à la tête de la famille , et son instruction n'était encore qu'ébauchée. Il s'arma de courage , et son industrieuse activité lui ouvrit une source abondante de profits et de lumières.

Après s'être stérilement livré pendant quelques mois à la traduction française de mémoires et ouvrages écrits en latin, que lui procurait le secrétaire perpétuel de l'Académie, il entreprit des cours particuliers d'anatomie, non à la manière de quelques faméliques démonstrateurs de son temps, avec lesquels on ne lui fit point l'injure de le confondre, mais dans l'intention doublement louable de se rendre de plus en plus utile à ses parens, et surtout d'étendre la sphère de ses connaissances; car le plus sûr moyen de s'instruire, c'est d'instruire les autres. C'est ainsi qu'on contracte l'habitude d'un travail régulier et soutenu, et qu'on se forme à l'art difficile de rendre ses idées avec justesse et clarté.

Tel fut le talent que montra, dès son début, M. Sabatier. Il peignait plutôt qu'il ne décrivait; il fesait oublier les auteurs dans lesquels il venait de puiser sa leçon, quoiqu'il ne manquât jamais de les citer; on eût dit qu'il avait découvert lui-même ce qu'il ne fesait que répéter, tant il était pénétré de son sujet, tant il mettait de chaleur et de verve dans son élocution. Son amphithéâtre, établi rue de Seine, ne put bientôt plus suffire à la foule qui se pressait à son entrée, et dans laquelle se mêlèrent souvent des hommes de renom, des anatomistes consommés, qu'attirait le plaisir ou la curiosité d'entendre leur jeune confrère. Il y fesait diverses expériences directes et comparatives qui servaient à éclairer en même temps l'anatomie humaine et la pathologie. Tantôt coupant sur les animaux vivans, comme le fit autrefois Galien, les nerfs récurrens qu'il venait de démontrer sur l'homme mort, il fesait à l'instant cesser leurs cris ; ou bien, comme l'avait fait Lapeyronie, irritant, comprimant, divisant le cerveau et le cervelet, il déterminait à son gré les convulsions, la stupeur et la mort ; tantôt, comme Sténon, liant et déliant tour à tour l'aorte ventrale, il produisait ou fesait disparaître la paralysie des parties auxquelles cette artère fournit du sang ; ou bien, comme Haller, qui fixait alors les regards de l'Europe savante, il cherchait cette cause secrète qui rend certains organes sensibles et irritables, et qui prive les autres de cette double propriété (1).

(1) Hiver de l'an 1755. Les expériences faites, ou répétées. par M. Sabatier pendant cet hiver, sont citées dans les ouvrages

Les assistans charmés, trouvaient dans ces expériences, que l'érudition de M. Sabatier rendait encore plus intéressantes, une diversion aussi utile qu'agréable à l'aridité des descriptions anatomiques, et jamais le manque de sujets ne les fit suspendre. Souvent même le zèle des élèves à cet égard éveilla l'attention de la police, qui, en ce temps, souffrait plutôt l'établissement d'une salle infecte d'anatomie, c'est-à-dire d'un foyer de putridité et de contagion, au centre de la ville, qu'elle ne pardonnait l'enlèvement clandestin et nocturne du cadavre le plus vulgaire.

Ces sortes de larcins firent quelquefois arriver, sur la table anatomique de M. Sabatier, des corps dont la dissection présentait des faits pathologiques très - remarquables. Il expliquait avec sagacité, et recueillait soigneusement ces faits isolés, pour les rattacher à des observations analogues qui, par leur enchaînement, devaient établir une vérité générale, et servir de base à un point

de plusieurs de ses élèves, anglais, allemands, ou italiens, M. Callisen, de Copenhague, aimait à les rappeler dans ses savantes leçons.

(25)

de doctrine. Voilà quelles étaient la marche de son esprit philosophique et la méthode de ses démonstrations ! et ce n'était pas pour lui seul, c'était pour tous ceux qui cultivaient la science, qu'il thésaurisait ainsi (1).

Un jour il avait trouvé dans les papiers de son père, qu'ayant reconnu, chez une femme, l'existence d'une grossesse extra-utérine, et proposé la gastrotomie, comme unique et extrême ressource, la famille s'opposa à cette opération, dont l'ouverture du cadavre, faite en présence du chirurgien Doucet, ne confirma que trop la nécessité. Il court aussitôt chez Simon, alors occupé de ses savantes recherches sur l'opération césarienne, et lui remet cette observation rare, qui y fut placée à côté de celle de Cyprianus (2).

Une autre fois il découvre, chez une femme âgée de trente ans, sujette à de violens accès de convulsions et de hoquets, qu'aucun remède n'avait pu ni prévenir ni calmer, une tumeur qui se laissait à peine

(1) *Videte quoniam non soli mihi laboravi, sed omnibus exquirentibus veritatem.* Ecclesiast. xxxiv, §. 47.

(2) Deuxième volume des Mémoires de l'Académie de Chirurgie. Edit. in-4.°, p. 269.

apercevoir à l'épigastre, entre les muscles sterno-pubiens; il la réduit, et les accidens cessent ; un bandage compressif l'empêche de se remontrer, et ils ne reparaissent plus. C'était une de ces hernies de l'estomac sur lesquelles Pipelet écrivait alors son intéressant mémoire. M. Sabatier ne tarda point de porter ce fait curieux à l'auteur, qui s'empressa à son tour de le publier sous le nom de celui qui avait bien voulu le lui fournir (1).

La réputation de M. Sabatier fondée, non sur ce fanatisme si excusable des élèves, toujours disposés à exagérer le mérite du maître, mais sur des preuves nombreuses d'un talent réel, fixa tellement l'attention, que la chaire d'anatomie étant venue à vaquer à Saint-Côme, par la mort de Bassuel (2), chacun jeta les yeux sur lui pour

(1) Quatrième vol. des Mémoires de l'Académie de Chirurgie, p. 194.

(2) Celui qui, en 1731, prouva à l'Académie des Sciences que le cœur, en se contractant, s'accourcit au lieu de s'allonger, comme on le soutenait alors dans cette compagnie. Il eut recours à l'expérience de Lower pour faire voir que dans la contraction du cœur la valvule tricuspide s'élève vers l'oreillette; ce qui ne peut avoir lieu qu'autant que la pointe du cœur se rapproche de sa base.

la remplir; et à vingt-quatre ans, il se vit professeur d'une Ecole qui, déjà à cette époque, n'avait point de rivale.

Houstet assistait, avec les membres du Collége, à sa première leçon. La jeunesse, l'accent, l'éloquence du nouveau professeur lui rappelèrent le digne fils de son ami, et le sien par l'adoption du cœur, l'infortuné Petit, que la mort avait n'aguère moissonné à la fleur de l'âge et au milieu des plus éclatans succès et des plus grandes espérances. Le bon vieillard, ne pouvant retenir ni ses pleurs ni sa joie, tout à coup interrompt l'orateur, va le presser contre son sein, et d'une voix émue, lui dit : *Oui tu seras pour nous un autre Marcellus* (1) : scène touchante qui honorait également et celui qui terminait si noblement sa carrière, et celui qui poursuivait si glorieusement la sienne.

Mais la fortune, qui n'est pas toujours aveugle pour les grands talens, préparait en silence, pour M. Sabatier, des événemens encore plus prospères.

Parmi les monumens dont la capitale

____

(1) *Tu Marcellus eris....................*

$\qquad\qquad$ Æneid., lib. vi.

s'enorgueillit, il en est un surtout qui attire les regards par sa magnificence, et qui touche l'ame par sa pieuse destination. Ce fut la reconnaissance seule qui l'éleva pour servir d'asile à la vétérance des défenseurs de l'État. La France n'*est point contristée par le spectacle de ses guerriers délaissés dans l'indigence* (1); nous n'avons point à nous écrier avec Lucain : *Que deviendront nos vieux soldats quand ils auront épuisé leur sang dans les combats ?* (2) Charlemagne donna aux siens des priviléges (3); Philippe Auguste leur fit ouvrir, comme oblats, les riches abbayes ; Henri iv (4) fonda en leur faveur un hospice royal; Louis xiv leur bâtit un

(1) *In duobus contristatum est cor meum : vir bellator deficiens per inopiam, et vir sensatus contemptus.* Eccles., cap. xxxvi, § 29.

(2) *Conferet exsanguis quò se post bella senectus ?*
Quæ sedes erit emeritis ? quæ rura dabuntur ?
Quæ noster veteranus aret ?

Lucanus, Phars., lib. i.

(3) On croit que ce fut lui qui établit le premier les oblats. Seissel raconte, dans sa préface de la vie de Louis xii, que cet empereur fit mourir l'abbé d'un grand monastère pour avoir refusé d'y admettre, comme oblat, un soldat de son armée.

(4) D'après le conseil de Sully. Cet hospice fut fondé en 1602.

palais (1); et de nos jours MARS RÉMUNÉ-
RATEUR veille partout au bonheur des enfans
de la gloire.

L'Hôtel des Invalides fut long-temps l'honorable poste des chirurgiens les plus célèbres. Jean Legrand y porta le premier une
réputation digne de son nom; Méry y jeta
les fondemens de la sienne (2); Jean-Baptiste
Morand vint y briller à son tour (3); Sauveur-
François Morand, son fils, y parut avec tout
l'éclat du mérite et des talens. Mais quel
sera l'héritier de ces chirurgiens fameux ?

Il est des hommes auxquels on succède,
mais qu'on ne remplace pas. On peut bien
occuper leur emploi; mais le vide qu'ils ont
laissé après eux n'en est pas pour cela rempli:
ils avaient donné du lustre à leurs fonctions;
un autre vient, et l'obscurité étend aussitôt
son ombre de toutes parts.

(1) L'Hôtel des Invalides fut bâti en 1669.

(2) Méry y fut d'abord gagnant maîtrise, mais chargé en
chef du service pendant la vieillesse du titulaire. Il eut pour
prédécesseurs, Leroux, Bonnet, et Lebout.

(3) Tout annonce qu'il fut l'inventeur de l'amputation du
bras dans l'article : il est certain du moins qu'il la pratiqua
bien avant Le Dran. En 1727, il fit la ponction suspubienne,
qui avait été proposée, mais non encore exécutée.

Il n'en fut pas ainsi de la charge de chirurgien en chef de l'Hôtel des Invalides. Morand était trop jaloux de la gloire attachée à un titre que son père lui avait transmis dans toute sa pureté pour ne pas craindre de l'exposer, après lui, au péril d'un mauvais choix. Il voulut, de son vivant, se donner un successeur ; et, ne le trouvant pas dans sa famille, il porta secrètement ses vues sur M. Sabatier, devenu, depuis la mort du jeune Petit, le sujet le plus brillant de l'Ecole de Paris (1).

Il l'avait déjà distingué en plusieurs circonstances : il croyait surtout l'avoir bien jugé durant une bruyante querelle, élevée au sein de la chirurgie, à l'occasion d'un instrument qui n'a plus aujourd'hui de détracteurs (2); et parce qu'il ne s'était pas,

(1) Morand fils, en 1726, eut la survivance de son père, qui mourut cette année, et auquel Bouquot succéda immédiatement l'année suivante. Le fils conserva la survivance jusqu'en 1752, époque où Bouquot, en mourant, lui laissa la place en titre. Sabatier fut nommé adjoint en 1759 ; en survivance en 1762 ; et en chef, le 22 juillet 1773.

(2) Ce fut en 1743 que frère Côme imagina son lithotome ; et ce fut en 1748, 1752, 1753, et années suivantes, que Lecat le poursuivit de sa critique amère et de ses pamphlets,

comme tant d'autres, jeté dans la mêlée, se réservant de blâmer, dans des temps plus tranquilles, un parti dont il n'eût pu alors se séparer sans danger, il avait loué un acte de prudence si rare à cet âge, et conçu de son auteur la plus favorable opinion.

L'amour-propre, qui redoute tant l'égalité, eût peu-têtre porté un autre à préférer un homme médiocre; mais Morand, étranger à de telles considérations, ne songea qu'à l'honneur de son rang et à l'intérêt de son art. Il fit appeler Sabatier près de lui, sous le prétexte flatteur de le seconder dans ses travaux, et il desira qu'il transportât à l'hôtel son école d'anatomie.

Combien de tels auspices semblaient heureux! Mais ne devait-on pas craindre aussi que la confiance des élèves ne suivît pas le maître à une extrémité si reculée de la ville, et que celle du public ne vînt de même trop rarement l'y chercher? L'exemple de Morand et de ses prédécesseurs était propre à ras-

tandis que Vacher, de Besançon, beau-frère de Morand, s'en montrait le plus chaud partisan. Il est curieux de lire les Mercures de France de ce temps : on y voit que plus d'un membre de l'Académie de Chirurgie ne sut pas se contenir dans les bornes de la justice et de l'impartialité.

surer M. Sabatier à cet égard. L'estime et la nécessité ne calculent pas les distances (1); jadis on allait en foule consulter à sa campagne, à deux lieues de Rome, Antoine Musa, tandis que Vapidius restait délaissé dans sa maison, voisine de la tribune (2).

C'est ici que M. Sabatier va déployer toute la fécondité de ses moyens, et toutes les richesses de ses talens. Jamais il n'avait vu à ses leçons tant d'auditeurs, ni d'auditeurs d'une si grande distinction. Les étrangers envoyés à Paris par leur souverain, pour y acquérir des connaissances qu'ils devaient remporter et faire fructifier dans leur pays, étaient les plus assidus à ses cours. Quand il ne pouvait leur parler leur langue, et qu'ils ignoraient la nôtre, il leur faisait ses démonstrations en latin. Mais les élèves que Sharp, Douglass, Monrô et les deux Hunter

(1) Autrefois à Rome, comme de nos jours à Paris, un homme de l'art estimé était appelé d'un bout de la ville à l'autre.

      . . . . *Cubat hic in colle Quirini ;*
Hic extremo in Aventino ; visendus uterque.
           Horat.

(2) . . . . *Vacat prope rostra relictus.*
           Ibid.

lui adressaient, et ceux qui lui étaient recommandés par Moscati, Bertrandi, Cotunni, en l'entendant parler si facilement et si purement l'anglais et l'italien, croyaient n'avoir pas quitté leur patrie, et s'y trouver encore avec leurs premiers maîtres.

Il n'avait pas un organe avantageux; sa voix était peu sonore, et il parlait avec un peu trop de volubilité. Mais quelle abondance, quel ordre, quelle logique, quelle clarté il répandait sur tout ce qu'il disait! et quel mouvement utile et vivifiant il savait en même temps imprimer à la science!

L'art d'orner sa pensée, et le secours des images et des épisodes ne sont point interdits à l'anatomiste. C'est par-là qu'il déguise la sécheresse de son sujet, et qu'il s'empare de l'attention et de la mémoire. Pâlissez sur les cadavres, comme l'a dit Lamétrie, jusqu'à leur dérober leur lividité : vous apprendrez l'anatomie sans doute, mais vous n'en acquerrez pas pour cela le vrai talent de l'enseigner (1). Vos descriptions, calquées sur la nature morte, auront de l'exactitude,

(1) Littre savait au moins aussi bien l'anatomie que Duverney ; mais s'il avait le mérite de décrire, il ignorait l'art de

mais elles seront froides comme elle; vos tableaux auront de la ressemblance, mais ils seront sans couleur et sans intérêt. Il faut que la magie de la parole réchauffe pour ainsi dire le cadavre sous votre main ; il faut qu'elle ranime, sous votre scalpel investigateur, les viscères affaissés, les muscles détendus, les organes flétris par la mort.

Tel fut le talent de M. Sabatier. Toutefois il se défia de la chaleur même de son imagination, toujours ardente, toujours brillante; il ne s'y livra qu'avec une extrême circonspection; il en craignit les écarts dans une science toute positive, qui ne doit admettre que des vérités démontrées.

Haller avait loué Winslow de ce qu'ayant eu le courage de consacrer sa vie entière à l'étude et à l'enseignement de l'anatomie, il n'avait jamais cédé à la tentation de se faire auteur d'un seul système. M. Sabatier, quoiqu'il ne se fût pas aussi long-temps occupé de cette science, a mérité le même éloge;

parler : et lorsque ses cours étaient déserts, Duverney s'honorait de voir aux siens jusqu'à des princes du sang. Fontenelle, éloge de Littre.

car il ne faut pas donner le nom de système, comme on a fait, à son explication, si connue, de la circulation du sang dans le fœtus, qu'il a comparée au 8 numérique des Arabes, et dont le mode lui paraissait prouvé avec tant d'évidence, que, quarante ans après l'avoir publié (1), il en parlait encore avec la même conviction (2).

Au reste, il ne se fit pas de son savoir une idée exagérée ; il n'en prit pas les bornes pour celles de la science (3). Quoique dans l'âge de la présomption, il s'effraya plutôt de la disproportion de ses moyens, et toujours mécontent de lui, il ne rendit justice

(1) Mémoires de l'Académie des Sciences, 1774, p. 198.

Du temps de Duverney et de Méry, en 1722 et années suivantes, la question de la circulation du sang dans le fœtus excita beaucoup de mouvement dans le sein de cette académie.

(2) Institut. — Voyez à la fin du 3ᵉ vol. de son Anatomie, 2ᵉ mémoire.

M. Lobstein, de Strasbourg, a rendu douteuse cette explication, que plusieurs professeurs ont, comme lui, abandonnée en grande partie.

(3) Comme fesaient certains écrivains de son temps à qui on pouvait appliquer ces vers d'Horace :

.... Verùm
Gaudent scribentes et se venerantur, et ultrò
Si taceas laudant, quidquid scripsére beati.

qu'aux autres. On peut ajouter, puisque l'occasion s'en présente ici, qu'il montra constamment, dans ses leçons comme dans ses écrits, comme dans sa conversation, cette pudeur des ames honnêtes, ce respect de soi-même et des autres, et cette modestie compagne du vrai mérite, qui écartent avec la même sévérité, toute image obscène, toutes digressions licencieuses, tous conseils contraires aux bonnes mœurs ; qui ne permettent aucun accès à la médisance ; qui laissent à chacun ce qui lui appartient ; qui se dérobent à la louange, qui repoussent l'adulation, et qui font qu'on est en quelque façon *honteux de sa gloire*.

Déjà on le voyait figurer dans les consultations à côté des chirurgiens du premier ordre, où quelquefois il ne faisait que représenter Morand, mais auxquelles sa propre réputation l'avait aussi quelquefois fait appeler. Il savait y concilier les déférences que l'on doit à ses anciens avec le devoir qu'imposent la conscience et les lumières ; et souvent, quand il avait paru céder à l'avis des autres, c'était le sien que l'on avait adopté.

Le service de l'hôpital de l'hôtel lui donnait de l'habitude et de l'expérience, et ses administrations anatomiques contribuaient puissamment à former sa main. Tel est l'avantage de ceux qui se livrent avec intelligence et réflexion à ces exercices, qu'ils acquièrent promptement la dextérité et la hardiesse nécessaires pour bien opérer. Plus éclairés sur la nature et la position des parties qu'il faut diviser, ils y portent l'instrument avec plus d'aisance et de sécurité, et savent mieux éviter celles qui doivent être mises à l'abri de son action.

L'humanité, d'accord avec les progrès de la science et avec nos mœurs, a proscrit pour jamais ces tentatives aveugles et barbares faites, dit-on, autrefois sur des hommes vivans. Les essais sur l'homme mort ont suffi pour perfectionner nos opérations les plus délicates. La lithotomie, qui semble ne laisser plus rien à desirer aujourd'hui, serait encore grossière et pleine de dangers, sans ceux de Méry, Perchet, Thomas Garengeot, que M. Sabatier répéta quelques années plus tard, non sans une utilité réelle pour l'art, puisqu'il traça au lithotome nou-

veau (1), alors secrètement, et depuis ouvertement adopté par lui, une marche plus
certaine encore, et qu'il détermina les degrés
d'inclinaison qu'on doit lui donner, selon
l'incision plus ou moins grande qu'il est
nécessaire de faire à la vessie : travail intéressant, qui fut le premier auquel il se
livra, et qui a été presque le dernier qu'il
eût rendu public (2).

A peu près dans le même temps, il en fit
un autre non moins précieux sur la fracture
du col du fémur, dont Foubert venait de
trouver le signe caractéristique dans la position du pied en dehors, et dans la flexion
du genou; ce qui, malgré quelques contradictions tirées de l'ouvrage d'Ambroise
Paré, et d'une observation particulière de
J. L. Petit, a fait, dans la suite, loi pour
tous les praticiens. M. Sabatier avait rencontré ce cas, et vérifié ces signes chez
plusieurs malades, et notamment chez le
prosecteur de l'hospice de la Charité (3),

(1) Celui de frère Côme.

(2) Mémoires de la première classe de l'Institut, vol. ii.

(3) Le sieur Martin. C'était en 1758 ; M. Sabatier avait alors
vingt-six ans. Ce ne fut qu'en 1768 qu'il composa son mémoire. Voyez ceux de l'Académie de Chirurgie, vol. iv.

pendant le traitement duquel il eut recours aux savans conseils de Louis, qui, dix ans après, fit insérer son mémoire dans ceux de l'Académie, et y ajouta l'explication du phénomène, déjà avant lui observé par Ruiseh (1), de l'anéantissement du col du fémur après ces fractures, et de son remplacement par une substance ligamenteuse dont le défaut de solidité est ce qui contribue le plus à la claudication consécutive (2).

On voit avec quelle rapidité M. Sabatier s'avançait vers la réputation, et avec quels succès il accomplissait ses hautes destinées.

Cependant Morand vieillissait : l'âge et les infirmités le condamnaient au repos. Près de lui croissait une nièce en qui la nature semblait avoir pris plaisir à réparer l'injuste oubli de la fortune. Faite pour plaire, la survivance de l'oncle, qui devait être le prix de sa main, la faisait rechercher

_____

(1) *Thesaur. anatom.*, t. 3, fig. 1.

(2) Louis a comparé la substance osseuse du col du fémur à celui du diploë. M. Sabatier a tiré un signe de plus de sa fracture, de la difficulté très-douloureuse d'écarter la cuisse malade de l'autre cuisse, laquelle est occasionnée par le frottement et la pression, sur les parties environnantes, de ce col hérissé de pointes et d'aspérités.

avec plus d'empressement encore. Cette double conquête appartenait à M. Sabatier, qui déjà, depuis trois ans, était l'adjoint de Morand, et qui, à ce titre, en réunissait tant d'autres pour être préféré. Quelques chirurgiens essayèrent toutefois de la lui disputer : mais leur extérieur, triste et vain simulacre de l'âge du respect et de l'expérience, effaroucha les Graces. Ils ne parlaient à la jeune personne que de chirurgie, et n'avaient à lui citer que Gui de Chauliac et Lavauguyon. Leur rival, plus adroit, lui vantait le charme des beaux-arts, et lui lisait, dans leur langue originale, le Tasse et Milton. Il s'attachait surtout à éloigner de sa pensée ces images lugubres, ces souvenirs affligeans que rappelle involontairement une profession dont les bienfaits sont presque toujours mêlés de douleurs ; et les attraits des Muses décentes, et l'innocente séduction des talens agréables firent ranger la victoire de son côté.

Et pourquoi blâmerait-on en nous la culture modérée des arts d'agrémens, si propre à nourrir dans notre ame cette douce sensibilité dont l'excès serait nuisible sans doute, mais dont le défaut deviendrait un malheur de plus pour l'infortuné qui souffre ? Mareschal fut un très-grand chirurgien : cependant l'archiatre Fagon , les comtes de Toulouse (1), de Grammont et d'Avaux, et le joyeux Palaprat, auxquels il avait, avec tant de succès , fait l'opération de la taille, n'avouèrent-ils pas que son goût pour la musique , son enjouement et ses piquantes anecdotes avaient autant contribué à leur guérison que sa dextérité même (2).

La flûte de Boerhaave l'empêcha-t-elle

(1) Amiral de France; le même qui gagna en 1704 la fameuse bataille de Malaga contre les flottes anglaise et hollandaise. Il avait pour secrétaire géneral, De Valincourt , homme de lettres, devenu membre de l'Académie française et de celle des Sciences, et l'intime ami de Mareschal, de Racine et de Despréaux.

(2) Palaprat a dit, dans la préface de sa comédie des Empiriques : « J'étais, depuis dix à douze ans, nouveau Sisyphe, « condamné à rouler une grosse pierre, quand M. Mareschal, « ce prince des chirurgiens, me fit l'opération; et je suis « persuadé que si son habileté et la légèreté de sa main com- « mencèrent ma guérison , sa douceur et la gaieté de son « humeur la perfectionnèrent. Il ne m'approcha jamais qu'avec « un visage riant et un bon mot; et moi je le reçus toujours « avec un nouveau couplet de chanson sur quelque sujet « réjouissant ».

d'être le premier homme de son état ? Et M. Sabatier, pour avoir excellé dans le chant italien, et fait quelques jolis couplets, en fut-il moins savant et moins habile dans le sien ? S'aperçût-on qu'en ornant son esprit, il eût énervé son génie chirurgical, ou efféminé son talent ?

Gardons-nous de vouloir tout embrasser ; mais ne craignons pas de mêler aux ronces dont le champ de l'art est hérissé quelques roses cueillies sur un sol plus riant.

M. Sabatier aimait à répéter que c'était dans le sein des lettres et des beaux-arts, qu'il avait trouvé ses plus nobles délassemens et les plus heureux momens de sa vie.

Après son mariage (1), il fixa sa demeure aux Invalides, et laissa au logis paternel sa mère, à qui, jusqu'à sa mort, arrivée en 1770, il continua de prodiguer ses tendres soins et ses secours généreux.

La vogue que ses talens et la retraite de Morand lui avaient attirée, le décidèrent à cesser ses cours particuliers pour se borner aux leçons publiques des écoles, où refluèrent ses auditeurs ordinaires, ainsi que

(1) En 1762.

les élèves attachés au service de l'hôtel. Mais il maintint, pour l'admission de ceux-ci, ces concours solennels dans lesquels la capacité pouvait seule obtenir les places, et où celle de gagnant maîtrise avait été autrefois remportée par les Perchet, les Bouquot, etc.

Vous à qui le héros de la France vient d'accorder d'honorables loisirs, après vous avoir long-temps vus à la tête de la chirurgie des armées, Rosapelli, Cavalier, anciens et dignes compagnons de mes travaux, ce fut par ces glorieuses épreuves que vous devîntes, dans votre jeunesse, les collaborateurs d'un chef illustre dont le nom ne fut jamais prononcé par vous qu'avec l'émotion de la reconnaissance et le signe du respect !

Vous aussi, que je n'ai pas besoin de nommer, l'honneur et l'exemple des chirurgiens-militaires, qui, dans toutes les régions où Napoléon porta ses armes triomphantes, joignîtes à l'utilité du talent le zèle de la philanthropie, vous acquîtes, encore adolescent, dans cette lice désormais fermée à l'émulation, le titre éternellement glorieux de disciple de Sabatier, et l'inappréciable avantage d'être compté parmi ses plus chers enfans !

M. Sabatier avait fait une ample moisson d'observations anatomiques, et chaque jour il recueillait de nouveaux faits de chirurgie, soit dans sa pratique et celle de ses contemporains, soit dans les recherches érudites auxquelles il ne cessait de se livrer, persuadé que, dans l'art de guérir comme en politique, il faut savoir demander au passé des leçons et des exemples pour le présent et pour l'avenir.

Entouré des ouvrages d'anatomie anciens et modernes, il sentit qu'il en manquait un aux étudians, dont le goût et la portée lui étaient si bien connus. La fastidieuse monotonie des uns les repoussaient ; les autres les fatiguaient par l'obscurité de leurs descriptions ; ceux - ci étaient trop abrégés, ceux-là étaient trop diffus ; celui de Verdier, son premier maître, avait été aussi son premier guide avant qu'il pût consulter les œuvres de Vésale, de Riolan, de Santorini, de Willis, de Cowper, de Morgagni, d'Albinus, et de tous ces anatomistes fameux

dont, après sa mort, on a trouvé sa biblio-
thèque si abondamment pourvue. Ce livre
était devenu classique par la méthode et la
variété qui y régnaient (1). Quelques parties
en étaient négligées ; mais d'autres y étaient
traitées d'une manière supérieure : de ce
nombre étaient la question de l'écartement
des symphises avant et pendant l'accouche-
ment, et le tableau comparatif du poids et
des dimensions du fœtus, selon son âge.
M. Sabatier se décida à donner une nouvelle
édition de cet ouvrage, qu'il refondit presque entièrement, qu'il augmenta du produit de ses recherches, et auquel, après le
nom de l'auteur, il mit le sien, déjà cher à
la science et à la renommée (2).

Ce fut d'après ce même ouvrage, ou plutôt
sur ce canevas encore si imparfait, que, six
ans après, aidé des travaux d'Albinus et de
Haller (3), et non moins riche de son propre

(1) Verdier publia son Abrégé d'Anatomie en 1725, sans
y mettre son nom. En 1729, il en donna une seconde édition
où il se nomma.

(2) En 1758.

(3) Il suivit la classification d'Albinus, et imita sa description des muscles. Voyez les fascicules de cet anatomiste,
publiés en 1756. Haller lui fournit aussi d'utiles matériaux
pour l'artériotomie.

fonds, que des découvertes des plus savans anatomistes, il publia ce traité complet d'anatomie qui a fait la moitié de sa gloire, que les étrangers ont traduit dans leur langue, et au dernier volume duquel il ajouta les neuf mémoires académiques qu'il avait composés à des époques différentes, et à mesure que ses dissections lui en avaient fourni les sujets (1).

On a dit, avec raison, de ce traité, qu'on pourra un jour faire davantage, mais qu'on ne fera pas mieux : et en effet, jusqu'à présent il n'a pas été surpassé. Des digressions physiologiques habilement aménées, des faits de pathologie bien choisis, y viennent tour à tour couper l'uniformité des démonstrations. Une sage érudition y anime les récits, et déroule, sans fatigue pour le lecteur, l'histoire des découvertes les plus importantes de l'anatomie. Plusieurs articles

____

(1) Le Traité d'Anatomie de M. Sabatier fut dans le temps approuvé avec éloge par Louis et Choppart, commissaires nommés par l'Académie de Chirurgie pour en rendre compte à cette compagnie. « Il est recommandable, dirent-ils, par « l'exactitude dans la description des parties, par l'érudition « qui règne dans l'exposé des découvertes faites par les anciens « et les modernes, et par des remarques intéressantes sur la « physiologie et la pathologie ».

sont autant de chefs - d'œuvre ; celui de l'oreille est un modèle d'exactitude et de description. On a dit que c'était dans Willis et Duverney qu'il avait pris les principaux traits de ce bel article. Mais dans quels auteurs avait-il puisé ces remarques si neuves et si philosophiques, d'après lesquelles on peut établir le principe que l'enfant qui a respiré et crié avant de naître, c'est-à-dire, avant d'avoir franchi le passage à la lumière, et qui ensuite, dans ce passage, a péri, n'est pas susceptible de ce qu'on appelle possession d'état, parce que, s'il a vécu selon l'ordre de la nature, il n'a pas vécu selon l'ordre de la société ? Et de combien d'autres observations également originales et lumineuses n'est-on pas redevable à ce judicieux auteur ?

On voit que dans une carrière où il pouvait prendre un vol si hardi, et se servir de ses propres ailes, M. Sabatier n'avançait qu'en s'essayant, qu'en sondant prudemment le terrain (1).

En ce temps, on affectait à Paris de dire

______

(1) En cela bien différent de certains écrivains de son siècle, qu'on pouvait comparer, pour l'âge et pour l'ignorance, à ce

que hors de la capitale il n'y avait que peu ou point de bons chirurgiens. M. Sabatier, étranger à des moyens si misérables de se faire valoir, sut prouver le contraire. Dans une petite ville que la naissance du savant qui honora le plus la médecine française , l'immortel Vicq-d'Azir, vengea si bien des épigrammes de Lesage (1), Mauquest de la Motte s'était montré l'égal des plus grands praticiens , et avait publié un traité de Chirurgie dans lequel ils allaient encore habituellement chercher des conseils et des exemples, et d'où Van - Swieten avait tiré ses meilleures citations (2). M. Sabatier fit réimprimer ce traité, et y ajouta des notes qui lui firent autant d'honneur que celles du traité d'Opérations de Dionis en avaient fait au respectable De Lafaye (3).

jeune abbé dont parle l'ingénieuse Sévigné, lequel, devant entrer au séminaire pour s'instruire, prêchait toujours en attendant.

(1) On se rappelle les plaisanteries faites sur la ville de Valogne, dans la comédie de Turcaret.

(2) Commentaires sur les aphorismes de chirurgie de Boeerhave.

(3) L'édition du traité de La Motte par M. Sabatier parut en 1771.

La réputation de M. Sabatier croissait de jour en jour, et dans le public, qui ne fut jamais injuste ni ingrat envers lui, et dans le Collége et l'Académie de Chirurgie, qui lui accordèrent de bonne heure les plus flatteuses distinctions.

Louis, qui eut le malheur de n'être jamais son ami, n'en saisit pas moins avec empressement toutes les occasions de prouver le cas qu'il fesait de sa personne et de ses talens. Ayant été chargé, en 1768, d'aller vérifier, à Etampes, l'observation, alors unique, adressée à l'Académie, par Buttet, l'un de ses correspondans, sur une luxation de la tête du radius, ou son écartement en dehors de l'os du coude et de la facette radiale de l'humérus, il demanda M. Sabatier pour collègue dans cette mission délicate ; et, à défaut de l'amitié, l'estime la mieux sentie de part et d'autre fut d'un voyage qui tourna tout à la gloire du chirurgien éclairé et honnête qui l'avait provoqué, n'ayant pu en être cru sur sa simple assertion.

L'année suivante, Louis, accusé par la famille de Lecat d'avoir outragé la mémoire de ce grand chirurgien, dans une notice sur sa vie et ses ouvrages, qu'il avait lue à une séance publique, trouva dans M. Sabatier un défenseur à la fois équitable et généreux; et rien ne fut changé au discours, dans lequel l'organe de l'Académie, injustement suspecté de ressentiment, n'avait pu dissimuler des erreurs et des écarts d'une trop éclatante notoriété (1).

La plus grande partie du temps de M. Sabatier était partagée entre l'étude de son art, et son exercice au dedans et au-dehors de l'Hôtel. Fidèle au précepte de Cicéron (2), il ne laissait passer un seul jour sans faire des extraits, sans travailler à quelque mémoire; et chaque mois, chaque année, il comptait, non pas combien il avait vu de

(1) En 1770, Valentin, chirurgien de Paris, publia contre Louis une diatribe virulente, dans laquelle les progrès de la chirurgie ne furent qu'un prétexte pour persécuter et calomnier un homme à qui sa célébrité avait attiré trop d'envieux, et sa vivacité trop d'ennemis. M. Sabatier ne l'abandonna pas en cette occasion, comme firent d'autres, à qui Louis avait été encore plus utile. Il blâma le livre et l'auteur, et professa hautement le mépris et l'indignation qu'ils lui avaient inspirés.

(2) *Nulla dies sine litterâ.*

malades, ni ce qu'ils lui avaient rapporté, mais combien il avait fait de progrès, et de quelle distance il avait eu le bonheur d'approcher de la perfection. Rien n'excusait à ses yeux ces praticiens vulgaires, si fiers de la prétendue expérience qu'ils croient avoir puisée dans leurs courses continuelles, qui sont tous leurs travaux, et pour qui les acquisitions de la science sont presque toutes perdues. Leur conduite l'affectait, comme si elle eût été pour lui une offense personnelle. Mais quand ils y mêlaient le honteux trafic des arcanes, alors il oubliait la douceur naturelle de son caractère, et, dans son indignation, il eût chassé du temple tous ces vils marchands qui en souillaient la sainteté. Des secrets dans l'art divin de soulager ses frères! Oui, disait-il, comme Burke et Fox, si la torture pouvait encore être permise, ce serait quand un homme cache une découverte utile à l'Etat en danger, et à l'humanité aux prises avec la douleur ; et à cette occasion, il rappelait que l'avare Raw, ce fameux lithotomiste hollandais, qui a emporté au tombeau le secret de son procédé, était mort sans gloire et sans estime, et avait laissé un nom odieux et méprisé (1).

Ici, anticipant sur le temps, je me vois forcé de le justifier lui-même d'un soupçon indigne de son ame fière et délicate. On l'a supposé intéressé, parce qu'il ne pensa pas que de stériles remercîmens pussent tenir lieu d'honoraires ; parce qu'il rappela quelques riches, sauvés par son habileté, au devoir qu'ils oubliaient envers lui; parce qu'il ne croyait point que la reconnaissance, si rare et si douteuse dans cette classe, pût jamais suppléer à l'argent, ni que l'argent seul pût suppléer à la reconnaissance, et que, pour être plus sûr du prix de ses soins, il exigeait plutôt celui-ci que celle-là, quoiqu'il eût des droits égaux à ce double retour. Mais on ne le vit point punir l'indigence souffrante des torts de l'opulence ingrate, et s'il prodigua généreusement son talent à l'une, jamais il ne le vendit bassement à l'autre.

(1) Albinus avait calculé que Raw avait fait, à sa connaissance, quinze cents opérations de la taille, à 3ooo francs chacune. Il se cachait pour opérer, et ne voulait souffrir aucun témoin, dans la crainte qu'on ne devinât sa méthode, ou, si l'on veut, son procédé.

On a reconnu d'ailleurs que les avis don-
nés libéralement aux malades ne sont pas
ceux qu'ils sont le plus portés à suivre, et
que, pour leur être utile et retenir leur
confiance fugitive, il faut leur en imposer
par l'inévitable obligation du salaire. Hippocrate avait déjà fait cette remarque (1);
et le père d'Ausone, qui put exercer gratui-
tement la médecine à Bordeaux, graces aux
bienfaits de l'empereur Gratien, dont son
fils était l'instituteur et l'ami, se vit souvent
préférer, avec moins de savoir, des médecins qui se fesaient bien payer (2).

M. Sabatier ne fut avare que du temps.
Le temps était sa plus chère propriété, son
plus riche domaine (3), et l'importunité ne
pouvait assez le dédommager des heures
qu'elle lui fesait perdre.

S'il est prouvé qu'il ne se reposa jamais,
on peut en conclure qu'il a été tout ce qu'il

(1) *Præceptiones.*

(2) Ausone, faisant parler son père, dit :

> *Obtuli opem cunctis poscentibus artis inemptæ,*
> *Officiumque meum cum pietate fuit.*

(3) *Tempus possessio mea, tempus ager meus.* Jérôme
Cardan.

pouvait être, qu'il a rempli toute l'étendue de ses moyens, et atteint en tous sens les bornes de son génie.

Jeune, il fut sobre de productions, craignant toujours de grossir la foule de ces livres qu'il voyait, chaque jour, précipités d'une chute commune, et dont les auteurs ne devaient qu'au ridicule le triste honneur d'échapper à l'oubli.

Sans doute il est des sujets qui appartiennent à cet âge, et sur lesquels il peut s'exercer avec un grand succès. Bichat, que mes yeux cherchent en vain dans cette enceinte, encore pleine de son souvenir, et dont le nom rappellera toujours l'un des plus ardens et des plus ingénieux scrutateurs de la nature, Bichat en a laissé une preuve bien glorieuse; et la Faculté s'honore d'en trouver une semblable dans l'un de ses jeunes membres, dont la présence arrête sur mes lèvres le juste tribut de louanges que j'allais lui payer. Mais, pour fixer ces lois sévères de la pratique; pour poser ces règles d'une rigoureuse application; pour établir ces préceptes immuables qui doivent élever la chirurgie à la hauteur des sciences exactes (1), il faut pour ainsi dire toute la virilité d'un talent exercé par l'usage et par l'observation ; car l'un des plus pernicieux romans, c'est la chirurgie spéculative ; si elle ne corrompt pas le cœur, elle abuse l'esprit et trompe cruellement la main. Fille des loisirs que laisse à l'impatiente jeunesse la confiance souvent tardive des malades, à défaut de faits, elle imagine des systèmes (2), et on peut aussi la comparer à ces météores légers et brillans dont la décevante lumière ne sert qu'à égarer le voyageur dans l'obscurité de la nuit.

Toutefois M. Sabatier a prouvé lui-même qu'on peut dévancer l'âge, et hâter la lenteur de l'expérience, non en se jetant tumultueusement au milieu d'une multitude de faits qu'on ne pourrait étudier que

(1) Hippocrate a dit (*de Arte*) : La cure de ces maladies (les maladies patentes ou extérieures) doit être parfaite et sans faute : ce n'est pas qu'elle soit facile, mais c'est qu'il y a une méthode sûre pour la trouver ; elle ne se découvre pas à tout le monde, mais seulement à ceux qui sont capables de la chercher ; et il n'y a de capables de cette recherche que ceux qui ont joint le travail et l'étude à un heureux naturel.

(2) *Opinio, maximè in medicinâ, administrantibus opprobrium, utentibus autem interitum affert.* Hipp., Epid., lib. 1, §. 20.

superficiellement , mais en portant dans l'examen de ceux que l'occasion fait successivement passer sous les yeux, cette attention réfléchie, ce recueillement, cet esprit indagateur qui , en agrandissant la pensée, mûrit de bonne heure le jugement (1).

Diderot a dit , et La Harpe a répété , qu'il y a des hommes qui n'ont du talent que pour une page : il est vrai que souvent une seule page vaut mieux que tout un livre. M. Sabatier en eut pour toutes les pages qu'il écrivit, parce qu'il les écrivit sous la dictée de la nature et de l'expérience.

Si nous parcourons celles qu'il a fournies à l'anatomie et à l'art de guérir , quels traits de lumière , quels conseils utiles, quels résultats lumineux et inattendus n'y trouvons-nous pas !

Depuis long-temps , nourrissant l'espoir d'entrer à l'Académie des Sciences, il lui fesait hommage du fruit de ses recherches anatomiques (2); tantôt démontrant , contre

(1) Les lumières acquises par l'étude rendent l'expérience prématurée , et une théorie bien dirigée conduit à une pratique facile. *Frédéric-le-Grand.*

(2) Les lectures faites par M. Sabatier à l'Académie des Sciences, avant sa réception , ne furent que les ébauches des

l'opinion du célèbre Méckel, que les vaisseaux lymphatiques de l'estomac s'ouvrent dans le canal thoracique, et non dans les veines sanguines du viscère même ; tantôt confirmant la propriété d'absorption reconnue par Glisson, le premier, dans cet ordre de vaisseaux ; tantôt expliquant par la distribution des nerfs ophthalmiques, cet obscurcissement de la vue que déjà Hippocrate avait observé à la suite d'un coup sur l'arcade surcilière, et indiquant le parti qu'on pourrait tirer de ce phénomène dans certaines affections de l'œil, comme avait fait Valsalva, qui dissipa une cécité spasmodique, produite par une légère blessure au front, en changeant par des frictions le mode d'action des nerfs de cette partie.

Les efforts de M. Sabatier ne se ralentis-

mémoires qu'il lui présenta dans la suite, et qu'elle fit imprimer dans sa collection. En 1766, il fit voir à cette compagnie deux ovaires squirreux trouvés à l'ouverture du cadavre d'une femme enceinte de trois mois. Il en tira des conséquences contre le système sur la génération, alors le plus généralement adopté. En 1773, il lut deux mémoires, qui furent publiés dans le septième volume des savans étrangers, pages 553 et 593. Ce sont le cinquième et le sixième de ceux qui ont été mis à la fin du troisième volume de son Traité d'Anatomie.

saient pas, et cependant l'Académie, qui savait les apprécier, n'avait point de place à lui donner. Celle de Ferrein étant venue à vaquer, elle fit un acte de justice en l'accordant à M. Portal, qui attendait depuis plus long-temps, et qui avait beaucoup plus fait encore pour la mériter : mais Hérissant et Morand étant morts deux ans après, ses vœux furent enfin comblés (1) ; ils le furent même au-delà de ses espérances, puisqu'il obtint en même temps et la place qu'il avait tant desirée, et la gloire d'être nommé avant Vicq-d'Azir, qui cette fois, et peut-être en cette seule occasion, n'eut que le second rang.

Une distinction si flatteuse excita de plus en plus le zèle de M. Sabatier, et contribua beaucoup à le consoler de quelques chagrins qui étaient venus troubler la paix et le bonheur domestiques.

Il ne tarda pas à lire ce mémoire curieux dans lequel, reprenant tout ce qu'avaient écrit Helvétius, Sénac et Haller, sur l'inégale capacité du cœur et des vaisseaux pul-

____

(1) En 1773.

monaires, et s'arrêtant à l'observation contraire de Weiss, professeur de chirurgie à Altorf, il prouva par une suite d'expériences sur les animaux vivans, et d'ouvertures de cadavres après une mort violente et subite, que cette inégalité n'était qu'apparente ; qu'elle n'avait pas lieu pendant la vie, et qu'elle était l'effet des derniers mouvemens et de la stase du sang qui arrivent, aux approches de la mort, dans les organes de la circulation.

Ce mémoire fut suivi de celui sur la circulation du sang dans le fœtus, dans lequel, outre ce que j'y ai déjà fait remarquer en passant (1), les belles observations d'Eustachi, de Winslow, de Bertin sont présentées sous un nouveau jour (2) ; où la découverte du trou dit de *Botal* est rendue à Galien, d'après lequel Carcanus l'a décrit avec une si grande précision, et où enfin le travail fait par Rouhault, en 1718, sur la circulation du placenta au fœtus, est cité dans ce qu'il renferme de plus intéressant.

(1) Page 34 de cet Éloge.
(2) En 1753, Bertin donna à l'Académie des Sciences un très-beau mémoire sur la circulation du sang dans le fœtus humain.

M. Sabatier donna ensuite son mémoire sur la situation respective des gros vaisseaux du cœur et des poumons; production vraiment neuve, mais peu susceptible d'analyse (1).

Celui sur les veines dites de Thebesius, qui vint après, n'est que le récit de la dispute fameuse qui s'éleva, au commencement du dix-huitième siècle, entre cet anatomiste et Vieussens, et entre Ruisch et Lancisi, à l'occasion de la prétendue découverte de ces veines propres du cœur, et surtout de leur embouchure dans les cavités de cet organe : découverte qui fut en partie niée par Werrheyen, que Sénac traita de chimère, et dont Duvernoy fit justice par son expérience sur le cœur d'un éléphant, où l'on vit bien les veines, mais sans pouvoir leur trouver de communication ni avec les oreillettes, ni avec les ventricules (2).

Ce que M. Sabatier lut sur la structure du cerveau et de ses enveloppes (3) contient des

(1) A la fin du troisième volume de son Anatomie.

(2) Anatomiste établi en Russie. (Voy. Mémoires de l'Académie de Saint-Pétersbourg, t. 11).

(3) Ce mémoire fut lu en 1773. Il est imprimé dans le septième volume des Mémoires des Savans étrangers, page 553.

détails descriptifs précieux, dont la portion qui lui appartient a passé dans tous les livres, sans qu'aucun en ait nommé le véritable auteur. Ce beau travail l'avait conduit à examiner de plus près qu'on n'avait encore fait avant lui l'origine des nerfs qui partent de l'organe encéphalique, et il avait remarqué que la dixième paire a plus de ressemblance avec ceux de la moelle épinière qu'avec ceux de la moelle allongée; qu'elle naît hors du crâne; que souvent, à sa naissance, elle est formée de deux faisceaux nerveux; qu'elle passe entre la première vertèbre du cou et l'occipital, et non pas à travers une ouverture pratiquée dans l'épaisseur de cet os.

Le mémoire sur les mouvemens des côtes et sur l'action des muscles intercostaux (1) établit cette vérité de fait, que les muscles qui servent au rétrécissement de la poitrine sont plus nombreux et plus forts que ceux qui la dilatent : différence qui se remarque

(1) Lu en 1778. La même année il lut une observation sur une ouverture fistuleuse au bas-ventre, par laquelle le malade rendait presque toutes ses urines. — Mémoires de l'Académie des Sciences, page 224. Année 1778.

dans toutes les autres parties du corps, où toujours les muscles fléchisseurs sont en plus grande quantité et plus robustes que ceux destinés à l'extension ; ce qui devenait plus nécessaire à la poitrine qu'ailleurs, à cause de la voix, de la toux, de la parturition, et des autres fonctions, qui, étant soumises à l'expiration, exigent plus de force de la part des muscles que celles qui dépendent de l'inspiration (1).

On se souvient avec quelle animosité Guillaume Hunter et Alexandre Monrô, auparavant si amis, se disputèrent publiquement la découverte des racines des vaisseaux lymphatiques, quoiqu'elle n'appartînt pas plus à l'un qu'à l'autre, et que le docteur Simmons, Anglais, l'eût déclarée la propriété de l'anatomiste français Nouguez, dont il avait suivi à Paris, en 1726, les leçons et les expériences. M. Sabatier fit part, en 1776, à l'Académie, des recherches et des observations qui lui étaient propres sur un sujet qui déjà alors était très-avancé,

(1) Ce mémoire fut lu en 1778. En 1790, M. Sabatier en lut un autre sur les muscles situés à la partie antérieure du col. — Mémoires de l'Académie, page 242.

et par les travaux de ceux mêmes dont il
avait fait deux ennemis irréconciliables, et
par les efforts de William Hewson, élève
célèbre de l'un d'eux, lequel était allé plus
loin encore que son maître, et qui devait
à son tour être surpassé par les Crueiskank,
les Soëmering et les Mascagni, noms fameux,
à côté desquels celui du professeur Des
Genettes, notre collègue, a mérité d'être
honorablement placé.

En 1784, M. Sabatier fit part à l'Académie d'un autre travail, où, rappelant
l'antique méthode de l'ustion avec le fer
ardent dans les morsures d'animaux atta-
qués de la rage, il cita, entre autres observations, celle d'un jeune homme à qui il
en avait cautérisé vingt-cinq, toutes faites
par le même chien, et qu'il avait guéri,
c'est-à-dire, préservé de l'hydrophobie par
ce moyen héroïque, depuis long-temps tombé
en désuétude, quoique le seul digne de la
confiance des malades et de celle des gens
de l'art. Vers le même temps, la Société
royale de Médecine couronna et fit imprimer un mémoire dans lequel Le Roux avait
traité la même matière et établi les mêmes

principes. Lequel des deux avait devancé l'autre ? C'est ce dont s'occupa le moins M. Sabatier, qui, n'ayant d'autre amour-propre que l'amour de l'humanité, renonça sans peine à la priorité, et se réjouit que la plume et l'expérience du savant chirurgien de Dijon eussent aussi consacré des vérités si importantes pour le genre-humain (1).

Cependant ce sujet l'intéressa le reste de sa vie. Il le reproduisit avec de nouveaux faits aussi concluans que les premiers (2), dans le second volume des Mémoires de l'Institut, où l'on connaissait si bien le prix qu'il y attachait, que, quand cette Compagnie, ainsi que la Faculté de Médecine et la Société établie près d'elle, recevait des observations, ou des écrits, ou des demandes d'avis qui y étaient relatifs, c'était toujours à lui, d'après son propre vœu, qu'elle les renvoyait (3).

(1) Mémoires de l'Académie des Sciences, 1784, page 193.

(2) 1797. Mémoires de cette année, page 249.

(3) Dans l'exposé des divers travaux fournis par M. Sabatier à l'Académie des Sciences avant et depuis son admission, l'auteur n'a pu suivre l'ordre chronologique, faute des Mémoires de cette compagnie, qu'il n'avait point à la campagne, où, pendant les vacances, il a écrit cet éloge. Voici ce que ce

Les travaux du membre de l'Académie des Sciences ne nuisaient point à ceux du membre de l'Académie de Chirurgie. Si, dans l'une, il fut un savant anatomiste, dans l'autre il se montra comme un habile praticien. Les premiers volumes des Mémoires de celle-ci offrent déjà des traces remarquables de son activité : mais c'est dans les deux derniers qu'il a déployé le plus de savoir et de talent. Alors il était commissaire pour les correspondances, et, en quelque sorte, le coopérateur du secrétaire perpétuel. Cette charge, à laquelle la confiance et

savant laborieux a encore donné à la même académie, et qu'on n'a point cité dans le texte, déjà trop surchargé : En 1775, une observation sur une vertèbre presque entièrement détruite, dans un homme sain et robuste qui n'avait jamais eu de maladie extérieure ni intérieure. En 1780, des remarques sur le canal thoracique de l'homme, qu'il avait vu rempli de sang fluide dans un sujet, et de sang coagulé dans deux autres ; remarque qui n'avait pas encore été faite, et qui supposait l'existence de quelques vaisseaux sanguins se débouchant dans le canal. En 1783, un mémoire sur quelques particularités de la moelle épinière et de ses enveloppes. Même année, un mémoire sur les fractures en travers de la clavicule. En 1790, des observations sur les muscles droits du bas-ventre. Ces différens mémoires et observations sont imprimés, soit dans les Mémoires des Savans étrangers, soit dans la collection particulière de l'Académie.

5

l'estime de ses collègues l'avaient élevé, le mettait en rapport avec les chirurgiens les plus renommés de l'Europe. Il avait le double avantage de connaître un des premiers leurs découvertes, et de leur apprendre l'accueil qu'elles avaient reçu dans le sein de l'Académie. Il savait, dans un cadre étroit, rendre plus évidentes les erreurs et les vérités ; et soit qu'il eût été chargé de dispenser la louange ou le blâme, sa bienveillance naturelle et sa politesse éclairée réussissaient toujours à ramener ceux qui s'étaient trompés, et à exprimer noblement aux autres les sentimens d'estime qu'ils avaient mérités.

Dans son excellent mémoire sur les anus contre nature, M. Sabatier, parlant de cette dégoûtante infirmité, lorsqu'elle est le résultat d'une hernie gangrenée, a dit, avec l'accent du reproche et de la persuasion : « qu'elle serait bien plus rare, si l'on suivait « les règles prescrites par Louis dans le trai- « tement de cet accident, et si ceux qui se « livrent à l'exercice de la chirurgie en pui- « saient les principes dans les Mémoires de « l'Académie qui en sont la véritable source ». C'était, dans ce dernier passage, rappeler une vérité également applicable à son travail sur les anus contre nature, et aux autres productions dont il a enrichi ce recueil précieux, aujourd'hui peut-être trop négligé.

M. Sabatier s'est surtout attaché à expliquer la formation de cette tumeur rougeâtre, tuberculeuse, plus ou moins sensible et volumineuse, qui s'échappe par l'orifice même de l'intestin divisé, et dont il a donné, comme avait déjà fait Albinus, un très-bon dessin d'après nature. En admettant, avec quelques auteurs, que cette tumeur est souvent l'effet de l'introversion de l'intestin, comme il arrive dans la procidence du rectum, il pense que, dans quelques cas où elle s'était prolongée de près d'un pied, elle dépendait d'une invagination de l'intestin supérieur; et cette remarque, qu'ont justifiée les ouvertures de cadavres, l'occupe spécialement dans le cours de son mémoire, où il a rapporté l'histoire de cet infortuné en faveur de qui La Martinière avait excité la compassion et la libéralité du souverain, et où il a rendu tributaires de son sujet tous les auteurs qu'il a pu découvrir, en commençant par Hippocrate , qui a raconté (1) comment un jeune Abdéritain , nommé Dinias, avait eu, à la suite d'une plaie près l'ombilic , *une fistule avec gonflement de l'intestin* , par laquelle un jour on vit sortir un gros ver.

Le mémoire sur l'hydrocèle n'a presque rien laissé à faire aux auteurs qui sont venus après M. Sabatier. C'est la monographie la plus savante et la plus complète qui ait été publiée sur cette affection (2). Tous les modes de traitement qui ont été successivement tentés, abandonnés , repris et oubliés, y sont exposés avec des détails dont aucun ne paraît superflu ; et cette revue, qui retrace partout des succès mêlés de revers , sert à faire sortir du milieu de ces essais de l'art encore mal assuré le procédé le plus digne de son choix. L'incision simple des anciens, que Sharp et Bertrandi ont vainement reproduite ; l'excision , dont Douglass a été le patron le plus ardent ; la cautérisation, que Dionis avait fait revivre, et que Monrô père

(1) Épidémies, septième livre.

(2) Cinquième vol. des Mémoires de l'Acad. de Chirurgie, in-4°, p. 670.

a léguée à l'un de nos contemporains, entre les mains de qui elle n'a pu se soutenir ; le séton des Arabes, que Fallope avait renouvelé, et que Pott, malgré ses efforts et l'autorité de son nom, a vu retomber dans l'oubli ; l'irritation du sac par le moyen d'une tente, d'un morceau d'éponge, d'une bougie, de l'extrémité de la canule du trois-quarts, recommandée par Paré, Guillemeau, Franco, Covillard, et qui, de notre temps, a eu si peu de partisans ; tous ces procédés, toutes ces tentatives, ont été sagement discutés par M. Sabatier, qui, sans disconvenir de l'utilité de l'excision et des caustiques dans les cas, très-rares, d'un endurcissement considérable de la tunique vaginale, s'est prononcé en faveur de la méthode si simple et si sûre des injections chaudes de vin rouge, pur, à laquelle il est parvenu à attirer la confiance générale (1).

J'aurais pu placer parmi les productions de la jeunesse de M. Sabatier (2) son mémoire

______

(1) Cinquième Volume de l'Académie de Chirurgie, in-4°, page 727.

(2) Comme il a été fait pour le mémoire sur la fracture du col du fémur, et pour quelques-unes des observations de son jeune âge.

sur les luxations consécutives de l'os de la cuisse, puisque ce fut à l'âge de vingt-huit ans qu'il le composa. Alors un prince cher à la France (1) venait de succomber de cette affection, dont la cause était restée inconnue; et M. Sabatier, voulant respecter la douleur publique, retarda, jusqu'à l'impression du cinquième volume de l'Académie la publication de cet écrit, si digne de la réputation de l'auteur.

Déjà en 1722 (2), Jean-Louis Petit avait annoncé que les chutes sur le grand trochanter étaient les causes les plus ordinaires de cet accident, et que l'engorgement subséquent de la cavité cotyloïde, n'y laissant plus de place à la tête de l'os, déterminait la luxation de celle-ci, pour peu qu'elle se trouvât livrée à la puissance des muscles. M. Sabatier a prouvé, par le raisonnement et par des exemples nombreux, que la chute sur les genoux occasionne encore plus souvent et plus facilement cette luxation; et sans prétendre contredire Petit, il a démontré, par plusieurs pièces pathologiques, que presque toujours

(1) Le duc d'Aquitaine.
(2) Mémoires de l'Académie des Sciences.

ce sont la suppuration du tissu spongieux de l'os des îles, et la destruction, par la carie, des bords de sa cavité articulaire, et de la tête même du fémur, qui la préparent, et qui donnent aux muscles la facilité de l'achever (1).

Je ne parlerai du mémoire sur les déplacemens du vagin et de l'utérus, auquel on mit tant d'importance à l'époque où il parut, que pour faire remarquer que, si de nos jours il n'offre plus le même degré d'intérêt, c'est qu'on en a transporté toute la doctrine et toutes les observations dans les livres modernes, sur l'art obstétrique, où l'on n'en a pas toujours cité le primitif auteur, parce qu'il était étranger à la pratique de cet art. Ainsi, quand on a détourné les eaux d'une source antique et sacrée pour en remplir un bassin somptueux, celui-ci jouit seul des regards et de la faveur, et la nymphe bienfaisante est oubliée (2).

(1) Quatrième volume des Mémoires de l'Académie, in-4°, page 630.

(2) Troisième volume des mêmes Mémoires, page 331.

C'est dans ce mémoire qu'on trouve l'étonnante observation publiée par Brodeman, dans les Éphémérides d'Allemagne,

Nous n'en sommes guère qu'à la moitié des écrits de M. Sabatier, et déjà nous avons parcouru les deux tiers de sa vie. A cette époque, le public eut à lui comparer un chirurgien qui a vécu assez pour éterniser son nom, mais dont l'existence fut encore trop courte pour les progrès de l'art et pour le bien de l'humanité. Desault venait de s'emparer du sceptre de la chirurgie, échappé des mains d'un homme qui le tint long - temps avec gloire. Il avait pris cet ascendant irrésistible que donne la nouveauté quand elle est soutenue par de grands talens ; et déjà il avait éclipsé la plupart des chirurgiens les plus connus et les mieux famés de la capitale. Mais le parallèle, en laissant à l'un tout l'éclat de sa réputation, ne put obscurcir celle de l'autre ; il prouva seulement qu'ils avaient tous deux un genre de mérite absolument différent.

sur une femme dont la matrice, contenant un fœtus de neuf mois, et tombée hors du bassin, fut ouverte par une longue incision, qui permit d'extraire l'enfant et le placenta. Cette ouverture se ferma par le seul ressort du viscère, qu'on réussit à replacer, et à maintenir en place avec un pessaire. M. Sabatier a blâmé et l'auteur et les conseillers imprudens d'une opération qu'il eût été si facile d'éviter.

Desault (1), génie inculte et sublime, s'était, sans guide et sans modèle, élancé comme un géant dans la carrière ; chaque jour il y imprimait des pas rapides, profonds et inégaux.

M. Sabatier, esprit orné et réfléchi, s'y était présenté au milieu des bons exemples ; il y avait cherché les vestiges de ses prédécesseurs, et il y laissait à son tour des traces mesurées, durables et régulières.

L'un avait élevé une sorte de culte dont il s'était fait le prophète ; il faisait passer dans l'ame de ses nombreux sectateurs cette chaleur, ce fanatisme qui dévorent la science, et dont il était lui-même dévoré ; il brisait devant lui les barrières qui gênaient son indépendance ; forçait la confiance lors même que la raison et l'expérience lui résistaient ; et toujours impatient de se frayer de nouvelles routes, il découvrait, comme par inspiration, les vérités les plus étonnantes, auxquelles, à son insu, se mêlaient quelquefois les erreurs les plus singulières.

(1) La chirurgie était pour Desault une sorte d'instinct, comme l'art de la guerre en fut un pour le grand Condé.

L'autre, soumis à la règle, et docile aux préceptes consacrés par le temps et par l'usage, n'avait pour missionnaires de sa doctrine que des ouvrages muets et des auditeurs qu'il ne savait pas enflammer : plus porté à perfectionner qu'à innover, il s'arrêtait aux bornes du possible ; il marchait lentement d'une vérité à une autre, les fécondant par ses méditations, et y ajoutant de temps en temps des conceptions neuves et utiles.

Celui-là, se nourrissant de son ardeur, toujours poursuivi par le sentiment de ses forces ; souvent, faute d'érudition, croyant avoir inventé lorsqu'il n'avait eu que des idées déjà connues ; avide d'attacher son nom aux méthodes qu'il adoptait ; se faisant de quelques rivaux jaloux autant d'ennemis qu'il accablait de sa célébrité, ou qu'il épouvantait de toute la distance qu'il mettait entre eux et lui.

Celui-ci, mesurant son zèle sur ses moyens, trop versé dans l'histoire de l'art pour perdre son temps à chercher ce qui avait déjà été découvert ; moins empressé de s'attribuer des procédés utiles qu'à en

conseiller l'application ; prévenant ou dé-
sarmant l'envie par ses condescendances et
sa modération ; jouissant d'une renommée
exempte d'amertume , et se mettant sans
trop d'affectation à la portée de chacun de
ses confrères.

S'il fallait dire quel est celui qui a imprimé le plus de mouvement et qui a donné
la plus forte impulsion à la chirurgie , on ne
balancerait pas à nommer Desault ; mais s'il
s'agissait de décider lequel des deux lui a
attiré le plus de considération , peut-être
prononcerait-on en faveur de M. Sabatier (1):
car si une grande habileté et des talens
supérieurs font rechercher le chirurgien,
c'est l'heureux accord de ces qualités et d'un
esprit cultivé et poli qui donne du lustre à
la chirurgie, qui lui attire ces égards et
ces distinctions qui, tout étrangers qu'ils
paraissent à ses progrès, n'en contribuent

(1) M. Sabatier a rendu justice à Desault. Voici ce qu'il
en disait (en l'an 10) dans son discours de rentrée : « Desault,
de qui le zèle pour l'instruction des élèves et les soins attentifs
pour les malades des grands hospices qui lui avaient été
confiés étaient le moindre mérite, et dont la perte prématurée afflige tous ceux qui s'intéressent aux progrès de
l'art, etc. »

pas moins à les hâter, en appelant dans son sein les hommes les plus propres par leur éducation et leurs bonnes études à la rendre florissante (1).

La révolution, préparée de loin par la faiblesse d'une cour sans prévoyance, et par les manœuvres séditieuses d'une ambition sans frein, venait d'éclater. La fureur de l'innovation, l'espoir d'un meilleur ordre de choses, et la crainte, bien plus fondée, d'un bouleversement funeste, agitaient tous les esprits. Chacun était attentif à l'éruption du volcan : les uns pour s'en garantir, les autres pour en profiter. M. Sabatier, gémissant avec les bons citoyens sur les malheurs de sa patrie, prit le parti de rester dans sa solitude, d'où il ne sortit guère que pour se rendre secourable dans les catastrophes qui signalèrent le début de la plus désas-

____

(1) La Peyronie, par son esprit aimable, ses manières nobles et la variété de ses connaissances, parvint à relever la chirurgie dans l'opinion de la cour et dans l'estime du public. On ne peut contester à Louis de l'avoir fait honorer parmi les grands, et de l'avoir rendue recommandable parmi les savans. Morand, Hévin, ont concouru à cet heureux changement. J. L. Petit, pour se montrer encore plus digne d'elle, eut le courage, à quarante ans, d'apprendre la langue latine.

treuse maladie dont le corps politique eût jamais été frappé (1).

Quoique dans cet asile tout, jusqu'à son ancien et respectable nom, eût été renversé, il n'y courut aucun danger, et n'y essuya que peu de privations. Ses vieux compagnons, que pourtant la contagion de l'exemple n'avait pas tous épargnés, lui restèrent fidèles ; ils lui auraient fait un rempart de leurs corps mutilés, si sa vie ou sa liberté eût été en péril ; et, chose digne de remarque ! dans un temps où il était si facile à l'intrigue d'enlever la place à un homme de bien, personne n'osa attenter à la sienne.

Ce fut dans les longues soirées de ces jours d'égarement, et loin des scènes sanglantes dont la multitude aimait à repaître sa vue, sans pouvoir l'en rassasier, que M. Sabatier, cherchant dans l'étude des distractions et des consolations, alors si nécessaires, rassembla, avec le plus d'activité, les matériaux du Traité d'opérations chirurgicales qu'il publia dans la suite.

(1) Lors des malheurs du Champ-de-Mars et de Grenelle, M. Sabatier s'empressa de donner les premiers secours aux blessés, et de faire lui-même les opérations les plus urgentes.

Le secret le plus sûr et le plus noble de résister à la tentation de haïr les hommes, quand on les croit pervers, c'est de se condamner généreusement à leur être utile; et ne fallait-il pas que l'art qui veille à leur vie élevât aussi des autels, lorsque la mort avait partout les siens, qui partout regorgaient de victimes?

Ces occupations solitaires furent interrompues par l'ordre qu'il reçut de joindre, en qualité de chirurgien consultant (1), l'armée du Nord, alors rassemblée devant Mons, et sur le point d'en venir, pour la première fois, aux mains avec un ennemi qui paya chèrement dans la suite la supériorité passagère que lui donnèrent en cette occasion

(1) Cet emploi est supprimé depuis long-temps. Il y avait alors deux chirurgiens supérieurs à chaque armée; à présent il n'y en a plus qu'un, qu'on appelle chirurgien en chef. Le titre de premier chirurgien d'armée, et à plus forte raison celui de premier chirurgien des armées, n'ont été créés, et ne sont reconnus par aucune loi, par aucun décret ni réglement; et personne n'a le droit de prendre l'un ou l'autre, pas même les chirurgiens membres de l'inspection générale du service de santé militaire, dont le rang, les attributions, et jusqu'à la dénomination sont absolument pareils, quelque qualification qui ait pu leur être donnée antérieurement au brevet qui les a institués dans cette nouvelle place.

l'inexpérience de nos troupes et la défiance qu'on leur inspirait contre leurs généraux.

Lorsque tout à coup, d'une vie douce et uniforme, on est transporté au milieu de l'agitation des camps; lorsque, enlevé à des études tranquilles et à des fonctions paisibles, on n'entend plus autour de soi que le bruit des armes, que les apprêts tumultueux des batailles, et qu'on est chargé d'opposer les ressources, souvent bornées, de l'art de conserver, aux inépuisables efforts de l'art de détruire, un tel contraste a de quoi effrayer ; il peut même avoir une influence dangereuse. La tâche qui fut confiée à la réputation et aux talens de M. Sabatier exige, dans un corps encore jeune et robuste, une ame exercée à toutes les secousses. Il n'y a point de repos pour nous aux armées ; nous y sommes, comme l'a dit Vicq-d'Azir (1), les soldats de tous les jours, de tous les momens; nous n'y quittons jamais le combat; les maladies, les blessures, l'insalubrité des lieux, l'inclémence des saisons, la contagion des épidé-

(1) Éloge de Pringle.

mies, sont pour nous des ennemis impla-
cables et sans cesse renaissans (1); et dans
cette pénible lutte, où les dangers nous
pressent de toutes parts, ce sont encore
ceux que nous partageons avec les guerriers,
sur les champs de bataille, que nous avons
le moins à redouter. L'impitoyable avarice,
qui, loin des regards d'une autorité tuté-
laire, grossit de son fléau le fléau de la
guerre; la cupidité, dont les insidieux cal-
culs dévorent en secret, ou supposent faus-
sement des approvisionnemens nécessaires;
l'insuffisance de nos pouvoirs pour faire le
bien, et l'excès de l'autorité de ceux qui
sont intéressés à faire le mal; tous ces abus
enfin, que l'œil du maître, tout perçant
qu'il est, ne saurait atteindre, ni empêcher,
voilà nos plus grands périls et nos plus
formidables calamités! et quelle force, quel
courage ne faut-il pas pour oser attaquer,
et pour vaincre de pareils adversaires!

M. Sabatier, âgé de plus de soixante ans,
et dont la santé était très-chancelante, sentit
qu'il ne pourrait supporter de si grandes

(2) Les médecins sont associés à ces dangers.

fatigues. Il ne parut au quartier-général
que pour y recueillir, un instant, des mar-
ques franches et flatteuses d'une estime et
d'une confiance méritées ; et pour y laisser
des regrets qui ne furent ni moins sincères,
ni moins honorables (1).

Louis venait de terminer sa carrière, aussi
orageuse que brillante. L'envie, qui, si long-
temps, lui avait rendu avec usure tous les
tourmens qu'elle en avait reçus, voyait enfin
entre elle et lui un tombeau qu'elle ne devait même pas toujours respecter. Veuve
de son savant et éloquent organe, l'Académie de Chirurgie jeta les yeux autour
d'elle pour le remplacer. Elle y trouva bien
le double talent dont elle avait besoin ; mais
naturellement inquiet et turbulent, ce talent
était encore égaré par les prestiges d'une
trompeuse liberté, et l'Académie craignit
pour la sienne. Bien convaincue d'ailleurs
que, dans les temps difficiles surtout, un
bon esprit vaut mieux qu'un grand esprit,

---

(1) A Valenciennes, dans le mois de juin 1792. Il eut
pour successeur l'auteur même de cet éloge, lequel n'est pas
moins aujourd'hui au-dessous de son modèle, qu'il ne fut
alors inférieur à son respectable et savant prédécesseur.

6

elle appela M. Sabatier, qui offrait la rare
et précieuse réunion de l'un et de l'autre,
et dont elle avait si souvent admiré les lumières, l'éloquence et la sagesse.

Mais bientôt le torrent révolutionnaire
qui entraînait tout précipita à son tour et
l'Académie et le Collége de Chirurgie; et
le temps seul manqua au nouveau secrétaire
perpétuel pour prouver qu'il n'était pas
indigne de succéder à celui qui, pendant
plus de trente ans, avait rempli avec tant
de succès et de célébrité cette place impor-
tante et difficile.

Peu de temps après, M. Sabatier fut nommé
pour aller inspecter les hôpitaux militaires,
avec deux collègues qu'il aurait choisis lui-
même, s'il en eût été le maître, tant leur
opinion et leur probité étaient conformes à
ses principes (1). Comme eux il porta, dans
cette mission un nom respecté, capable de
rappeler à son devoir quiconque s'en serait
écarté; mais il leur laissa, comme une partie
qui leur était plus familière qu'à lui, le soin
d'exercer cette surveillance qui va découvrir

(1) MM. Coste et Parmentier, inspecteurs généraux du
service de santé des armées.

les abus partout où ils se cachent, qui les démêle jusque dans les apparences du bien, et dont la sévérité ne ménage ni les choses ni les personnes, dès qu'il s'agit des intérêts de cette classe respectable qui, toujours prête à prodiguer sa vie pour l'État, mérite qu'à son tour l'État n'épargne rien pour elle.

M. Sabatier, voulant voir à l'œuvre les chirurgiens, leur fesait faire sous ses yeux les opérations, les pansemens, les visites; il les encourageait avec bonté; il les reprenait sans aigreur; c'était un bon père au milieu de ses enfans; et au lieu de cet examen qu'on avait tant redouté de sa part, on n'avait eu avec lui qu'un entretien familier, mais dans lequel, sans s'en être douté, on n'en avait pas moins donné la mesure de son savoir.

Quelle différence de cette inspection confiée à trois hommes dont les vertus égalaient les lumières, et à qui, pour cette seule raison, il ne fut pas permis de l'achever, et de celles qui, après eux, furent prostituées à des individus dont le mauvais choix était l'ouvrage de certains mandataires du peuple, eux-mêmes très-mal choisis!

Heureux d'avoir pu faire impunément quelque bien, M. Sabatier revint avec plaisir parmi ses livres, et reprit le cours des travaux que son absence lui avait fait suspendre. La France était encore couverte de ruines ; les écoles restaient fermées, les chaires désertes, les professeurs dispersés, et le règne de la barbarie, avec son ignorance et sa férocité, n'était point fini. Mais enfin, après avoir été si long-temps battu par la tempête, le vaisseau surgit au port, et des jours plus sereins et plus fortunés commencèrent à luire sur nous. A peine on en vit le consolant crépuscule, deux hommes, zélateurs ardens et éclairés des sciences, firent une seconde fois sortir du chaos les lois protectrices et les institutions qui devaient en particulier conserver la nôtre : Fourcroy et Thouret, dont les bienfaits et notre reconnaissance ont uni pour jamais les noms chéris et révérés, relevèrent du milieu des décombres, par un commun dévouement que rien ne put décourager, l'arbre abattu de la science de guérir, et, d'une main guidée par la raison et la philosophie, rattachèrent à son antique tronc cette branche non moins ancienne , que d'aveugles préjugés en avaient trop long-temps séparée.

L'École de Médecine fut établie , et M. Sabatier revint dans ce majestueux édifice , que , dans des temps plus prospères , il avait vu élever à la gloire de son art, faire entendre les oracles de l'expérience, et manifester sa joie d'avoir pu, avant de mourir, voir deux sciences qui furent toujours indivisibles dans leurs principes , se réunir dans leur enseignement, et répandre sur ceux qui se livrent à l'une ou à l'autre le même degré d'estime et de considération.

On est porté à croire que ce fut pour consacrer cette association mémorable et si conforme à nos vœux qu'il désigna dans la suite la chirurgie sous le titre de Médecine opératoire, ainsi que l'avait déjà fait Lassus (1), quoique cette dénomination

(1) A la tête de son Traité d'Opérations de chirurgie, qu'il fut forcé, pour sa sûreté, de publier, sous une forme un peu révolutionnaire, à son retour de Rome, où il avait accompagné, comme il le devait, les tantes du roi, ses bienfaitrices.

nouvelle se ressentît si fortement d'une époque qu'il n'aimait pas, et durant laquelle on
créa tant d'autres mots que l'on n'ose plus
prononcer aujourd'hui. On n'a jamais bien
connu les motifs qui déterminèrent M. Sabatier à adopter ce langage. Mais il faut qu'ils
aient été bien pressans, bien impérieux;
autrement, eût-il commis une pareille infi-
délité envers un art qui l'aima jusqu'à l'ido-
lâtrie, jusqu'à la jalousie, et dans le nom
comme dans le sein duquel il avait trouvé
tant de gloire et une si belle fortune ? Et
comment aurait-il pu renoncer à une qualité dont les La Peyronie, les Petit, les
Morand, les Louis, les Desault, et son père
lui-même, avaient été si fiers, et dont il
était à son tour si honoré, après l'avoir
rendue si honorable, pour en prendre une
autre qui n'avait encore illustré personne,
à laquelle personne n'était encore accou-
tumé, et qui, dans l'opinion et les souvenirs
du public, avait un sens et une application
si peu dignes d'envie? Car enfin, si la chirurgie suppose des chirurgiens, la médecine opératoire suppose des médecins opé-
rateurs : et quelles idées ne donne, ou ne

réveille pas cette qualification banale, *circonforaine*, toujours suspecte aux magistrats, et toujours repoussée par les vrais gens de l'art ? (1)

Soyons ou médecins ou chirurgiens, mais n'ayons pas la prétention d'être à la fois l'un et l'autre ; ce serait nous condamner à une double médiocrité ; et quelle que soit celle des deux sœurs à laquelle nous nous soyons unis, restons-lui fidèles ; ne rougissons pas de son nom ; ne la diffamons point par un honteux divorce ; mais plutôt glorifions - nous d'être entrés dans une famille qui ne distingue plus entre ses enfans, et qui a un patrimoine égal d'honneurs, d'égards et d'utilité à leur léguer.

Oui, la science de guérir a pour toujours abjuré l'orgueilleuse et méprisable dispute des préséances. La première place y appar-

(1) On a réussi à faire dire *la médecine vétérinaire*, *la médecine oculaire*, etc. , mais on ne pourra de sitôt faire dire *la médecine opératoire*. L'Institut n'a point adopté cette dénomination, et il ne paraît pas qu'elle doive être admise dans le nouveau Dictionnaire de l'Académie. Au reste, cette opinion ne doit être attribuée qu'à l'auteur de l'Éloge de M. Sabatier, lequel en répond personnellement, ainsi que de toutes celles énoncées en cet écrit.

tient au plus habile. On n'y connaît de subalternes que la sottise et l'ignorance.

Des doctes débris des anciennes sociétés savantes, fut formée cette Académie universelle, dans laquelle, comme dans un centre commun, les sciences, les lettres, les beaux-arts, l'industrie, versent tour à tour leur tribut, et puisent en échange des lumières et des leçons. L'Institut leva sa tête majestueuse par-dessus les établissemens, comme lui, échappés au néant ; et à côté d'un héros à qui la victoire était déjà habituée à prodiguer ses lauriers on vit s'asseoir M. Sabatier, dont le front ceint du chêne civique attestait que la gloire a des palmes pour tous les genres de mérite.

Aucun membre ne fut plus exact à acquitter sa dette académique. Dès la première année, il communiqua à sa classe (1) un mémoire dans lequel, d'après ses observations et celles des chirurgiens anglais (2), il établit les avantages et l'innocuité de l'opium à

(1) 1796. Vol. des Mémoires de la première classe de l'Institut.

(2) Observations et recherches de médecine par les médecins de Londres.

très-grande dose, dans le serrement convul-
sif des mâchoires , à la suite des plaies ; et
où , rejetant la plupart des remèdes ordinaires, à cause de la lenteur de leurs effets,
dans un accident qui tue en quatre jours ,
s'il est aigu , et qui peut se dissiper spon-
tanément , s'il se prolonge jusqu'au qua-
torzième (1). Il s'attache à réfuter une opinion attribuée à J. L. Petit, quoiqu'il n'en
existe aucune trace dans ses écrits. Ce grand
praticien passe pour avoir, le premier, conseillé , dans cette redoutable complication
des plaies aux extrémités , l'amputation du
membre. « Mais, dit M. Sabatier , quel mo-
» ment à saisir pour cette opération extrême
« que celui où il se déclare une affection si
« souvent et si promptement mortelle ! Et
« comment se persuader que la douleur ex-
« cessive et inévitable de l'amputation puisse
« faire cesser le trouble et l'agitation aux-
« quels le système nerveux est déjà en
« proie ? » (2)

(1) Hipp. , aphor. 6, sect. 5.

(2) Mémoires de la première classe de l'Institut , premier
volume, p. 179. Lu le 6 pluviose an iv.

Dans un second Mémoire il éveilla l'attention des chirurgiens sur la fracture du sternum; accident rare à la vérité, mais dont la possibilité n'a plus besoin de preuves, depuis celles qu'il en a données avec Petit et Duverney. Il les invita à prendre garde aux contre-coups que le sternum frappé, et cédant, par son élastique mobilité à la percussion, va porter jusque sur les organes contenus dans la poitrine, et dont les ravages, non plus que leur véritable cause, n'ont point été prévus dans le travail d'ailleurs si parfait et si important de La Martinière (1).

Libre de tous ménagemens envers une compagnie savante qui n'était plus, il blâma, dans ses remarques, sur l'opération de la taille avec le lithotome caché, le jugement qu'elle avait porté de cette opération au milieu de longues et bruyantes discussions, les unes très-solides, et les autres peut-être trop passionnées; et il n'hésita plus de dire, de cet instrument loué avec excès par ses partisans, et déprécié de même par ses adver-

(1) Mémoires de l'Académie de Chirurgie, tome IV, page 545.

saires, que *c'était l'invention qui fesait le plus d'honneur à l'esprit humain* (1).

Je passerai sur son mémoire explicatif des changemens qui surviennent aux organes de la circulation du fœtus, lorsqu'il a commencé à respirer (2), ainsi que sur ses deux rapports concernant l'organisation de l'œil et la pupille artificielle (3), pour arriver plus vite au moyen proposé par lui pour suppléer à l'amputation du bras dans l'article (4).

Après avoir relaté dans son mémoire l'observation de Thomas, chirurgien de Pézénas, qui avait vu sortir, par un ulcère fistuleux pénétrant dans l'articulation scapulo-humérale, la tête cariée et isolée de l'os du bras ; celle de Vigaroux, chirurgien de Montpellier, qui disait avoir, en pareil cas, fait la résection de cette tête, encore attachée à

---

(1) Mémoires de la première classe de l'Institut, deuxième volume. Lu dans le mois de messidor an v.

(2) Mémoires de la première classe de l'Institut, troisième volume. Lu le 11 messidor an viii.

(3) *Ibid.*, cinquième volume, page 14. Lu le 11 messidor an viii.

(4) *Ibid.*, même volume. Lu le 16 frimaire an viii.

l'humérus (1); celle de Bent, chirurgien de New-Castle, qui, selon l'assertion de Hunter, avait réellement osé faire cette résection ; celle enfin de White, chirurgien de Manchester, la plus connue et la mieux constatée de toutes (2). M. Sabatier fait cette réflexion judicieuse : « qu'il est étonnant que l'idée de « cette opération ne se soit pas présentée « aux gens de l'art, dans des occasions analogues, où ils ont amputé le bras dans « l'article affecté de carie, et dévasté par « une longue suppuration, et qu'ils se soient « plutôt appliqués à modifier et à perfectionner les procédés de cette amputation « qu'à chercher les moyens de l'éviter et de « conserver le membre » (3). Il ne s'était souvenu, en rédigeant cet écrit, ni des essais

(1) M. Sabatier a publié le désaveu de Vigaroux, à cette occasion.

(2) M. Sabatier eût pu ajouter à ces observations celle que l'auteur de son éloge communiqua, en 1789, à l'Académie de Chirurgie, en lui présentant en même temps le sujet vivant, et guéri sans amputation, ainsi que la tête de l'humérus gauche qui lui avait été extraite.

(3) Un mémoire analogue a été inséré, sous le nom de M. Sabatier, dans le recueil de la Société médicale d'Émulation.

hardis de Parck, ni des entreprises heureuses de Moreau, de Bar-sur-Ornain ; et il n'avait sans doute pas encore l'opinion que nous trouverons bientôt, dans le plus considérable de ses ouvrages, sur l'application de cette théorie aux plaies d'armes à feu avec fracas de la même articulation (1).

Il serait peu utile à l'éloge de M. Sabatier de rapporter ici ses observations sur un épanchement de sang dans la cavité du péricarde, et sur une collection de pus qui avait fait prononcer à cette enveloppe, distendue outre mesure, une tumeur avec fluctuation, jusque par-delà la clavicule (2). Par la même raison, je passe sous silence son mémoire sur les amas de bile dans la vésicule du fiel, lequel n'est qu'un précis d'un plus grand travail qu'il nous reste à examiner.

Nous trouvons de nouveaux traits à ajouter à la louange de M. Sabatier à mesure que nous pénétrons plus avant dans sa vie. Celle-ci fut toute entière consacrée à la recherche

______

(1) Telle qu'elle a été faite et mise en pratique aux armées, par l'auteur de cet Éloge.

(2) Mémoires de la première classe de l'Institut, premier semestre de 1807.

de la vérité et au perfectionnement de l'art ; et au lieu de la borner, comme tant d'autres, à un point de l'espace ou de la durée, il voulut l'étendre sur toutes les contrées et sur tout le genre humain.

A l'âge où la plupart des hommes usent du droit de se reposer, on le vit redoubler d'activité et d'application. Ses leçons publiques, ses fonctions particulières à l'hospice dont il était chargé, sa présence comme membre de la Faculté et de l'Institut, n'étaient pour lui que de simples occupations, que des devoirs ordinaires, dont l'étude et la méditation réclamaient les intervalles et les loisirs. Il était appelé le premier à toutes les grandes consultations, et l'on sait que, quand il approchait du lit des malades, la crainte et l'espérance semblaient marcher à ses côtés, prêtes à s'emparer des esprits, suivant ce qu'il allait prononcer (1). Son cabinet était comme le temple de Delphe ; on y allait consulter l'oracle dans les grandes calamités, et ses arrêts passaient aussi pour irrévocables.

Il opérait encore, et sa main était restée

(1) Eloge de Mareschal.

ferme comme sa tête. Un jour le célèbre Lalande, qui voulait tout voir et tout connaître, fut curieux d'assister à une de ses opérations de la taille. Elle fut terminée, avec une légèreté et une précision admirables, en moins de deux minutes ; et l'académicien, enchanté, dit de l'opérateur septuagénaire, *qu'il lui avait paru plutôt dessiner qu'inciser, et plutôt jouer avec ses instrumens que s'en servir.*

Mais M. Sabatier était loin de confondre, comme le fait si souvent le vulgaire de toutes les classes, la chirurgie avec le talent d'opérer, qui n'est que de l'adresse acquise par l'usage et par l'imitation ; il prétendait au contraire qu'un chirurgien s'avilit lui-même et flétrit son art, quand il fonde son mérite sur cette habitude, que des hommes grossiers, exercés à faire sur les animaux des opérations aussi délicates, pourraient encore lui disputer (1) ; et il ajoutait que la chirurgie, qui n'est pas essentiellement agissante, et qui a aussi ses lois d'expectation, s'honore et se distingue bien davantage en évitant,

____

(1) Quesnay pensait de même. Préface du premier volume de l'Académie de Chirurgie.

par de savantes ressources, la nécessité d'une opération, qu'en la pratiquant même avec la plus parfaite dextérité.

Cependant il sentait combien un nouveau traité d'opérations était devenu indispensable à la chirurgie moderne. Ceux de Dionis, Verduin, Lacharrière, Garengeot, ne guidaient plus que quelques chirurgiens, et les guidaient mal. Les ouvrages d'Heister, Ludwig, Platner, n'étaient pas à la portée de tous; Cheselden, Sharp, Bertrandi, Leblanc, étaient surannés; les livres posthumes de Petit restaient incomplets; Benjamin Bell avait trop écrit, sans en avoir dit assez; Lassus, digne d'un meilleur sort (1), n'avait

(1) La Médecine opératoire de Lassus, homme d'un grand mérite d'ailleurs, et dont la mémoire nous est chère, n'est pas un bon ouvrage. Il se ressent de la précipitation avec laquelle il a été écrit, à une époque où l'auteur avait à désarmer, par une apparence d'utilité et de patriotisme, des hommes qui l'avaient vu rentrer d'une émigration presque forcée. Mais la critique qui en fut faite dans le temps n'est pas meilleure. (Voyez le Magasin enyclopédicuce, t. 1, n. 2, p. 207). Dans cette critique, on rapporte que feu Chastanet, chirurgien en chef de l'armée du nord, avait renoncé au trépan, et qu'il sauvait les blessés par le seul secours des purgatifs. Gui de Chauliac avait déjà donné le précepte de recourir à ces remèdes dans les plaies de tête; on le trouve dans Scultet,

pû, en un an, échapper à l'oubli. On ne manquait pas d'ouvrages particuliers sur des opérations spéciales; mais les préceptes et les méthodes étaient disséminés de toutes parts, et nulle part coordonnés ni approfondis. M. Sabatier s'imposa la tâche de les rassembler, de les analyser, de les soumettre au creuset de l'expérience, et de les accommoder aux progrès et à l'état actuel de la chirurgie.

Le registre où, depuis cinquante ans, il inscrivait ses observations journalières, les extraits raisonnés de tous les bons ouvrages qu'il avait lus, dans la plupart des langues, et de tous les mémoires dont il avait été chargé de rendre compte; les notes et les réflexions écrites que lui avait fournies ou suggérées chaque opération qu'il avait faite lui-même, ou à laquelle il avait assisté; tous ces riches matériaux, recueillis avec soin, et accumulés sans confusion, n'attendaient plus que la main habile de l'architecte pour

observat. 1re; Mareschal, Boudou, Lombard, l'ont répété; et Desault, qui en avait établi l'usage (modifié) à l'Hôtel-Dieu, n'en était pas plus l'auteur que Lassus, qui l'a conseillé après lui.

être mis en œuvre, et élever à l'art un monument digne de lui.

Ainsi fut composé, ou, si l'on veut, rédigé le Traité d'Opérations que M. Sabatier publia, sous un autre titre, au commencement de 1796, et qui, jusqu'à présent, a joui d'une estime et d'une confiance que long-temps encore il sera difficile de lui enlever (1). On lui a reproché d'être trop long, de contenir trop de détails historiques, de rapporter des méthodes dont il faut perdre jusqu'au souvenir, et de ne pas assez préciser ni motiver le choix de celles qui méritent d'être préférées.

Je sais que, pour être parfait, *un livre doit dire tout ce qu'il fallait dire, et ne dire que ce qu'il fallait dire*, et d'après cette maxime, celui de M. Sabatier ne serait pas sans défauts. Mais si on le lit sans ennui, à plus forte raison si on a du plaisir à le lire, c'est qu'il n'est pas trop long : si l'érudition dont il

______

(1) Je dirais bien, pour rehausser le mérite de cet ouvrage, qu'il a été traduit en plusieurs langues. Mais ce n'est plus un titre de gloire pour un auteur, ni une garantie de la bonté de son livre. Que ne traduit-on pas aujourd'hui ! quelle production si misérable et si absurde ne rencontre pas un traducteur plus pitoyable encore !

brille n'inspire que de l'intérêt, si elle plaît à l'esprit, si elle l'orne et l'éclaire à la fois, c'est qu'elle n'y est pas inutile ; et si on y retrouve des procédés inusités, ou proscrits, c'est qu'il était bon de savoir pourquoi ils ont été abandonnés, et qu'il est important de marquer les écueils où l'art a quelquefois échoué (1).

On fera, sans doute, dans la suite un meilleur ouvrage, mais on l'aura fait plus tard ; les auteurs qui, après M. Sabatier, reculeront à leur tour les limites de l'art, auront l'avantage, comme l'a dit notre bon Paré, de monter sur les épaules du géant, d'où ils pourront porter plus loin leur vue, et découvrir un plus vaste horizon. Eh ! sans cette réflexion, pourrait-on se consoler de la perte d'un grand homme !

En mettant à contribution les Mémoires

_____

(1) Les ouvrages de M. Sabatier, outre le mérite du fond, sont de vrais modèles pour la diction, la clarté et la méthode. Depuis Louis, personne n'avait mieux assorti le style au sujet. On pourrait dire que ce sont ces deux hommes, si justement célèbres, qui ont fixé le genre d'éloquence que comporte notre profession, et montré à leurs successeurs (qui n'ont pas tous profité de cet exemple) à respecter le lecteur et notre langue, en soignant leurs écrits et leur style.

des Académies des Sciences et de Chirurgie, M. Sabatier n'a fait souvent que re-
prendre son bien; souvent aussi, en puisant
dans d'autres sources, il n'a fait que rappeler au giron paternel des idées qui lui
appartenaient, et dont on s'était emparé,
sans rien dire de lui. Ce qu'il a écrit d'après
sa propre expérience est exposé avec toute
l'assurance de la conviction. Ce qu'il n'a pu
éprouver n'est présenté qu'avec une réserve
dont on lui doit savoir gré; car, si dans l'art
de conserver les hommes, se tromper est
un très-grand malheur, tromper les autres
est le plus grand de tous les délits; et M. Sabatier était trop ami de l'humanité, il avait
pour la vérité un respect trop religieux,
pour admettre, sans le plus mûr examen,
et conseiller, sans les preuves les plus évidentes, des procédés qu'il n'avait pu juger
en les appliquant lui-même.

Le traité dont il s'agit est trop connu
pour que je doive m'y arrêter long-temps;
je jeterai seulement en passant un coup-
d'œil rapide sur quelques-uns des articles
qui présentent le plus d'intérêt.

Celui des plaies d'armes à feu retrace en

substance ce que Faure et Boucher ont écrit sur la grande question des amputations tardives et des amputations extemporanées (1). N'ayant pas plus assisté qu'eux à ces jeux sanglans qui fournissent à la chirurgie une variété si prodigieuse de blessures, et des occasions si nombreuses de se perfectionner dans leur traitement, il a dit tout ce qu'il pouvait avancer avec connaissance de cause, et il s'est bien gardé de soutenir des paradoxes devenus aujourd'hui plus manifestes et plus dangereux que jamais. Non, cette question n'est plus problématique pour les chirurgiens militaires ; vingt années de guerre et d'expérience leur en ont donné l'incontestable solution : et si, égarés par une fausse doctrine, quelques-uns se sont d'abord trop ou trop peu pressés d'amputer, tous savent maintenant, et depuis long-temps, en quels cas il faut faire sur-lechamp cette opération, et en quels

(1) Mémoires de l'Académie de Chirurgie. Cette compagnie, si respectable d'ailleurs, ne prévoyait pas, en couronnant le mémoire de Faure, et encore moins en le publiant dans le recueil de ses prix, toutes les suites que devait entraîner pour long-temps l'erreur qu'elle consacrait.

autres ils doivent la différer, et même s'en abstenir (1).

Dans un autre article, M. Sabatier félicite la chirurgie moderne, et ce ne peut être que celle des armées, d'avoir, dans les grands fracas de la tête de *l'humérus*, par un coup de feu, au lieu de retrancher le bras, osé le conserver en pratiquant les incisions nécessaires, en retirant les fragmens osseux, et en faisant au besoin agir la scie. Il met au nombre des observations qui ont pu l'enhardir à tenter cette belle entreprise, le fait de cet officier qui, après la bataille de Fontenoy, n'ayant pas consenti à ce qu'on lui amputât le bras dans l'articulation brisée par un assez gros projectile, fut guéri, moyennant de larges incisions, et l'extraction des esquilles que fit le chirurgien Guffroy, lequel ne tira pas plus d'induction pour l'avenir de cette cure inespérée et fortuite, que n'en ont tiré, pour l'objet dont

(1) Ces cas ont été déterminés dans les réponses de l'auteur de cet éloge aux questions qui lui furent envoyées, en 1794, par le conseil de santé de ce temps. Ces réponses sont imprimées, et antérieures de plusieurs années à ce qui a été publié par d'autres chirurgiens.

il s'agit, Boucher (1) et les autres écrivains qui l'ont rapportée.

On a lieu de s'étonner que M. Sabatier n'ait pas nommé l'auteur de cet acte d'une chirurgie vraiment transcendante, quoique dès 1795 il eût entendu de sa bouche même le récit de quelques guérisons de ce genre, déjà, à cette époque, opérées par lui, et qu'il lui eût été depuis adressé de sa part plusieurs militaires à qui il avait de cette manière sauvé le bras, avant lui, dévoué à l'amputation (2).

(1) Mémoires de l'Académie de Chirurgie, t. 12, p. 300.

(2) Les militaires de divers grades, Guyot, Walther, Simon, Granger, Lucas, Mariotte, Varin, Perrot et Galezot, furent présentés à M. Sabatier dans le mois de mai 1795. Ils se déshabillèrent devant lui, et lui montrèrent le bras que leur avait conservé l'auteur de cet écrit, après avoir fait l'extraction de la tête de l'humérus, et vidé l'articulation scapulo-humérale de tous les fragmens osseux, de tous les débris produits par le coup de feu dont cette articulation avait été percée ou traversée. Ces militaires exécutèrent les différens mouvemens dont leur bras était resté susceptible. Il était privé de celui d'élévation, et il avait besoin de s'appuyer contre la poitrine pour faire agir l'avant-bras, qui, dans cet état, jouissait de toute sa force. La tête de l'os ne se régénère pas : l'articulation ne se renouvelle presque jamais ; il se forme une sorte d'union fibro-cartilagineuse qui suspend le bras, sans presque le raccourcir. Ces guérisons se sont telle-

L'article annoncé plus haut , sur les tumeurs formées par la bile accumulée et retenue dans son propre réservoir, occupe une place considérable dans l'ouvrage que nous parcourons (1). Sauveur Morand , et les deux Petit, avaient jeté un grand jour sur ce sujet , absolument nouveau de leur temps (2). Petit, père, avait conseillé d'ouvrir ces tumeurs, mais seulement lorsque la vésicule biliaire aurait contracté avec les parois abdominales des adhérences propres à empêcher l'épanchement de la bile dans le bas - ventre. M. Sabatier a désapprouvé cet avis , à cause de l'impossibilité de s'assurer de l'existence et de la nature de ces adhérences ; et il a donné celui d'attaquer le mal

ment multipliées aux armées , qu'il ne serait plus possible aujourd'hui de les compter. M. le baron Larrey raconte en avoir obtenu une semblable en Égypte (en 1801). Il n'y a pas long-temps que M. le chirurgien - major Bottin a fait la même cure à Barcelonne ; et MM. les chirurgiens - majors Poret et Lafaye viennent de réussir, dans un cas extrêmement compliqué, à sauver par cette méthode le bras à un jeune soldat qui était à l'hôpital Saint-Sébastien.

(1) Tome 1 , page 216.

(2) Mémoires de l'Académie de Chirurgie , t. 3, p. 406, et t. 1, p. 115.

dans sa cause, avec des remèdes internes dont il rapporte la réussite dans les trois seuls cas qu'il ait rencontrés dans sa pratique (1).

Ne serait-il donc pas possible d'agir sur la tumeur même, et de provoquer l'agglutination de sa surface extérieure aux parties qui la recouvrent, en portant dans sa cavité un trois - quarts dont la canule, après que le poinçon en serait retiré, resterait en place, et y serait maintenue par quelque artifice ou mécanique? ce qui ne manquerait pas de déterminer, comme dans la ponction sus - pubienne, l'inflammation adhésive, qui, dans ce cas non moins délicat, s'oppose à l'effusion des urines dans l'hypogastre.

Dans le cours de son Traité, M. Sabatier a cité avec éloge et avec désintéressement les travaux et les inventions dont Louis enrichit la chirurgie, soit dans la taille des femmes, pour laquelle il a le premier proposé la double incision, et l'usage de l'instrument

(1) Voyez les Mémoires de la première classe de l'Institut, année 1807, deuxième semestre, page 132. Voyez aussi la Médecine opératoire.

à deux tranchans qui porte encore son nom ; soit dans l'amputation de la cuisse, dont il a cherché à éviter l'une des plus fâcheuses suites, la saillie de l'os ; soit dans la cure des fistules salivaires, en rétablissant le cours de la salive par le canal même, ce qui n'avait point été fait avant lui (1) ; soit enfin dans une foule de cas où, s'écartant des sentiers battus, il a ouvert à l'art de nouvelles routes vers la perfection (2).

Pourquoi, après des louanges si pures et si légitimes, assis à cette place où j'ai le bonheur de le louer lui-même aujourd'hui, refusa-t-il, dans son discours pour la rentrée des Écoles en 1802, jusqu'à l'honneur de la moindre découverte à celui qui fut mon maître et mon ami, à ce grand homme qu'on semble vouloir encore poursuivre

(1) Lorsque Louis lut, à l'Académie, son mémoire sur les fistules salivaires (t. 3, p. 440), Morand crut se souvenir que son père avait autrefois eu recours au rétablissement du canal, tel que l'auteur le proposait.

(2) Dans ses savans mémoires sur la médecine légale, pour lesquels Louis n'avait eu que peu de modèles, n'a-t-il pas inventé, n'a-t-il pas créé ? Ne s'est-il-pas, dans cette carrière, placé à une hauteur où peu de gens de l'art ont encore pu l'atteindre ? Et quelle est la partie de la science qu'il n'ait éclairée, agrandie ou perfectionnée ?

après sa mort, et qu'on croit avoir assez célébré, quand on a vanté, avec un excès souvent affecté, l'élégance de son style et le rare talent avec lequel il savait faire valoir les productions d'autrui ? (1)

Mânes de Sabatier, pardonnez à ma reconnaissance le reproche fait à votre équité ! je défendrais avec le même zèle votre mémoire, si quelqu'un osait tenter de l'obscurcir. Mais vous n'eûtes point d'ennemis, vous ; sur le chemin de la gloire, vous ne rencontrâtes que des admirateurs, et point d'envieux. Votre affabilité, votre modestie, le calme de vos passions, la douceur de votre caractère, votre heureuse adresse à oublier votre mérite pour faire briller celui des autres ; tout en vous attirait la confiance, appelait l'amitié ; et si un seul instant, dans votre longue vie, vous cessâtes d'être juste, c'est qu'il fallait prouver, au moins une fois, que vous apparteniez aussi à la fragile humanité.

(1) Telles sont les expressions de M. Sabatier, qui, après avoir cité les chirurgiens les plus distingués du dix-huitième siècle, termine ainsi : « Vous ne serez pas oublié Louis, quoique la chirurgie de ce siècle ne vous soit absolument redevable d'aucune découverte ».

Lorsqu'en 1804, on forma le conseil de santé de l'Empereur, M. Sabatier, déjà décoré de l'insigne de l'honneur et du mérite, y obtint la première place, et par droit de réputation, et par droit d'ancienneté. La majesté du trône se compose d'élémens divers dont elle reçoit, ou sur lesquels elle réfléchit plus ou moins d'éclat. Notre profession paraît peu propre à concourir à cette commune splendeur. Cependant, quand elle fournit à l'étiquette, ou au service de la cour, des noms et des talens tels que ceux de Sabatier, on est forcé de convenir qu'elle n'est pas plus inutile à la magnificence du prince qu'à sa personne même. Il y avait long-temps qu'il était honoré de la bienveillance de son auguste Souverain. En le lui présentant pour être l'un de ses chirurgiens-consultans, on n'avait fait que le prévenir, et son admission flatta d'autant plus notre collègue, qu'il s'y était moins attendu, et qu'il n'avait pas même songé à la solliciter (1).

M. Sabatier perdit son épouse en 1787. Il

____

(1) *Disciplina medici exaltabit caput illius, et in conspectu magnatum collaudabitur.* Eccles., cap. XXXVI, §. 3.

en avait eu cinq enfans, dont il ne lui restait qu'un fils et une fille, à l'excellente éducation desquels il avait beaucoup contribué par ses bons exemples, ses leçons instructives, ses connaissances en littérature, et ses talens d'agrément. L'une lui rappelait les traits et les graces d'une mère qu'elle avait encore surpassée par les dons les plus brillans du corps et de l'esprit; et l'autre le dédommageait de la tendre et savante sollicitude avec laquelle il l'avait formé, en portant son nom avec honneur, quoique dans une carrière étrangère à celle que son père avait tant illustrée (1). Ils étaient mariés, et tous deux lui avaient donné des rejetons destinés, par les avantages d'un heureux naturel, plus encore que par ceux de la fortune et de la naissance, à tenir un jour dans le monde un rang distingué et important. Mais rarement le vieillard respecté et chéri était entouré de cette double famille, que les circonstances et les emplois

---

(1) M. Sabatier fils, chevalier membre de la Légion d'honneur, est sous-inspecteur aux revues, avec rang de colonel, à la garde de S. M. I et R. Il avait auparavant servi aux armées en qualité de commissaire des guerres.

tenaient malgré elle éloignée de ce bon père ; et dans son pénible isolement, il ne recevait que des soins mercenaires, que des services intéressés qui flétrissaient son cœur et y laissaient un vide désespérant.

Le hasard offrit un jour à sa vue, la jeunesse, la bonté, la douceur des mœurs, l'amour des arts réunis dans la même personne, et cette rencontre décida du reste de sa vie. Ne se souvenant plus de son âge, il réussit, par son amabilité, à le faire oublier de même à celle qui devait être sa compagne, et ce nouveau lien ne parut ridicule et périlleux qu'à ces êtres frivoles qui ne croient pas plus à la délicatesse des hommes qu'à la vertu des femmes.

Madame Sabatier ramena et fixa le bonheur dans la maison de son époux ; soigneuse de lui plaire autant qu'il était attentif à lui être agréable, elle adopta bien plus ses habitudes qu'elle ne lui fit partager ses goûts ; elle sut élever sa raison à la hauteur où il avait porté la sienne, et faisant naître des fleurs au milieu des glaces de l'âge, elle le rendit père de deux filles, dont les innocentes caresses et l'éducation firent les délices et la plus chère occupation des dernières années de sa vie.

C'est cette incomparable amie, cette épouse vertueuse, cette tendre mère, qui nous a conservé douze ans de plus notre vénérable collègue (1); sa bonté inépuisable, ses douces prévenances, et qu'elle me permette de le dire, son amitié reconnaissante et respectueuse l'ont suivi jusqu'au tombeau. Personne ne pourrait peindre plus dignement qu'elle, et les qualités si précieuses de son ame, et cette alliance si touchante de la simplicité du caractère avec toutes les puissances de l'esprit, et cette résignation d'un philosophe souffrant sans murmure, et mourant sans plainte ni frayeur (2).

L'étude ne cessa d'être un besoin pour M. Sabatier (3); il avait la passion de son état, et il s'attachait à tout ce qui pouvait l'ennoblir et le perfectionner. Sur la fin de sa vie, il donnait encore l'exemple de l'assi-

(1) *Mulieris bonæ beatus vir, numerus enim dierum illius duplex.* Eccles., cap. xxvi, §. 1.

(2) Vicq-d'Azir.

(5) *Otium sine litteris, mors est hominis vivi et sepultura.* Senec, epist. 82.

duité à nos séances, quoique son âge l'en
eût fait dispenser , et que ses droits de présence lui eussent été conservés. Là , comme
à l'Institut, où il n'assistait pas avec moins
d'exactitude, il avait l'art d'écouter. La plus
longue discussion ne pouvait décourager
son silence, et aucun desir de briller ne
tentait son amour-propre (1) ; mais, s'il se
levait pour parler , on l'écoutait avec une
sorte de respect, et c'étaient toujours des
idées grandes et des opinions pleines de
force et de vérité qu'il énonçait.

La Faculté possédait un très-beau buste
de Fourcroy, mais il était d'une matière
commune, et on délibérait dans une assemblée sur l'endroit où il serait placé. « Avant
« tout, qu'il soit de marbre , s'écria M. Sabatier, afin qu'il dure aussi long-temps que
« le souvenir des services rendus à l'instruc-
« tion publique, et à la médecine en par-
« ticulier, par ce savant, si digne de vivre
« à jamais dans la mémoire des hommes ;
« Oui, Messieurs, ajouta-t-il, il faut que
« le buste de Fourcroy soit de marbre, et
« nous devons encore regretter que la

(1) M. Morelet, Éloge de Millot.

« nature n'en ait pas produit de plus pré-
« cieux pour transmettre à la race future
« les traits de notre ami, de notre bienfai-
« teur ». Ce vœu, à l'accomplissement duquel nous avons tous concouru (1), nous
rappela bientôt les droits que M. Sabatier
avait acquis lui-même à un semblable hommage; mais chacun de nous, au fond de son
cœur, s'était flatté que l'époque en serait
encore reculée de plusieurs années, et nous
avons la douleur de nous être trompés.

Vous vous présentâtes aussi à notre pensée
et à notre sensibilité, sage et estimable mo-
dérateur de nos écoles, Thouret, que la
mort a si impitoyablement frappé au milieu
de nos plus chères affections! Nous vou-
lûmes de même que votre image, devenue
impérissable comme votre nom, attestât à
la postérité et votre dévouement et notre
gratitude (2).

(1) La Faculté a fait exécuter aux frais des professeurs,
qui l'ont voulu ainsi, le buste de Fourcroy, en beau marbre
blanc. Ceux de Sabatier et de Thouret le seront de même.
Je desirerais qu'au bas de celui de Sabatier on écrivît ces mots :
Hîc ames dici pater atque princeps.

(2) Le buste de Thouret sera aussi exécuté en marbre.
Qui, plus que Thouret, a mérité cette distinction ?

On pourrait dire de M. Sabatier ce qu'on a dit de l'orateur Thomas, qu'il travailla toute sa vie à sa statue. Le jour où il vint nous faire don du dernier fruit de ses méditations, de la nouvelle édition de son Traité de chirurgie (1), il vit son buste placé dans notre salle principale, vis-à-vis son portrait en grand costume, qui y était exposé depuis quelque temps, et que lui seul avait été étonné d'y trouver. C'était en quelque façon assister à son apothéose ; c'était être témoin, au déclin de ses jours, de l'espèce de culte qui l'attendait après sa mort. Nos soins pieux, nos attentions filiales, nos acclamations, nos actions de graces, devancèrent pour lui le langage de la postérité. Hélas ! en acquittant une dette si sacrée, nous ne

(1) M. Sabatier aurait bien voulu donner à cette nouvelle édition un autre titre que celui de Médecine opératoire donné à la première. Il sentait que, les temps étant changés, il fallait que le langage changeât aussi. Mais sa probité l'emporta sur toute autre considération ; il craignit que ce changement de titre ne trompât le public, et ne lui fît croire qu'il s'agissait d'un ouvrage nouveau, différent de l'ancien : et quoiqu'une telle erreur eût pu devenir très-favorable à ses intérêts, et à ceux de son libraire, il aima mieux laisser les choses comme elles étaient que de paraître avoir tendu un piége aux acquéreurs de son livre.

prévoyions point que l'ombre du trépas dût sitôt encore obscurcir la couronne que nous posions sur sa tête patriarcale.

Cette tête était la plus belle partie de lui-même (1) : droite, sur un corps de moyenne taille, mais régulier, que l'âge n'avait pu courber, elle rappelait ces modules antiques que le ciseau grec nous a transmis; ses yeux vifs, quoiqu'un peu enfoncés sous un sourcil saillant, n'avaient eu que très-tard besoin des secours de l'optique; son front était large et découvert; l'ensemble des traits, sans être beau, avait de la noblesse et de la dignité; il annonçait la sérénité de l'ame et le recueillement de l'esprit : on n'y remarquait point l'empreinte de ce génie bouillant qui rendit Lecat, Hunter, Louis, si célèbres et si malheureux ; il montrait plutôt le calme imperturbable de Fontenelle, auquel M. Sabatier ressemblait sous tant d'autres rapports.

Tout en lui retraçait cet ordre, cet arran-

______

(1) Elle était digne du talent de Chaudet, qui, peu de temps avant de mourir, l'avait modelé avec la même supériorité qu'il s'était attaché à porter dans le travail du buste de Fourcroy.

gement, cette propreté qu'il a portés jusque dans ses écrits ; il avait les formes et l'urbanité des grands de son temps, auprès desquels il avait été si souvent appelé ; sa démarche était grave, sa conversation spirituelle et attachante, son langage pur et facile, son abord réservé, mais plein de bienveillance ; il régnait dans toute sa personne quelque chose de si distingué, de si soigné, qu'on aimait à le rencontrer, et que le respect et l'admiration l'accompagnaient partout.

Son émulation ne fut jamais que ce sentiment louable et généreux qui, sans étouffer le plaisir de voir de belles actions, inspire le désir de les imiter, et souvent donne la force de les surpasser.

Sa modestie tenait à cette connaissance de soi-même qui rappelle à l'homme de mérite qu'il sait encore trop peu en comparaison de ce qu'il devrait savoir, et le met toujours en garde contre les piéges que l'orgueil tend à l'ignorance (1).

Sa politesse pouvait être étudiée, ou du moins appartenir autant aux manières qu'au

----

(1) *Tecum habita, ut nóris quàm sit tibi curta supellex.*
PERS., Sat. 2.

sentiment ; mais il ne connut jamais les *malins vouloirs* de l'envie , ni les dépits jaloux de la rivalité (1) ; seulement il s'était de bonne heure aperçu qu'on risque bien moins à donner quelques louanges, quoique peu méritées , qu'à hasarder la critique même la plus juste et la plus indulgente (2).

Les étrangers qui allaient le voir , non pour dire qu'ils l'avaient vu, mais pour connaître et saluer le savant que la renommée leur avait désigné avant de sortir de leur pays, ne s'en séparaient qu'à regret, tant il avait adroitement flatté en eux l'amour-propre national, et su louer leurs ouvrages ou ceux de leurs compatriotes, sans souffrir qu'ils lui parlassent même des siens (3).

(1) ...... *Non odio obscuro morsuque venenat.* HORAT.
Ploravére suis non respondere favorem
Speratum meritis.......... Ibid. , lib. ii , epist. xi.

(2) *Multa fero , ut placem genus irritabile nostrum.* Ibid.

(3) M. Franck fils a beaucoup loué M. Sabatier dans la Relation allemande qu'il fit, en 1804 , de son voyage médical en Angleterre , en Italie et en France. Voici ce qu'il en a dit : « La place de chirurgien en chef des Invalides, qu'occupe si dignement M. Sabatier, est la première place de la chirurgie française. M. Sabatier a soixante - quatorze ans , ce qui ne l'empêche pas d'être gai et très-aimable. Il accueille bien les

Combien il leur paraissait vénérable dans cet auguste conservatoire où sont rassemblés et les monumens vivans de la guerre, et les trophées glorieux de la victoire ! Au milieu de ces braves émérites, de ces vétérans dont les nobles cicatrices attestent la valeur et les services, émérite et vétéran lui-même d'une profession non moins honorable, ses cheveux blancs leur rappelaient de nombreuses conquêtes sur la mort, et une courageuse persévérance dans de longs et utiles travaux. Ils croyaient reconnaître son ouvrage dans chacun des anciens guerriers qu'ils rencontraient ; et en effet, si ceux-ci avaient eu le bonheur de survivre à de dangereuses blessures, n'étaient-ils pas en partie redevables de ce bienfait aux secours que ses leçons et ses écrits avaient perfectionnés ?

Il ne lui restait plus qu'à consacrer à un noble repos les dernières années de sa vie,

étrangers ; il s'informe de l'état de la science dans leur pays, et il aime à apprendre des nouvelles de ses anciens élèves, tels que MM. Vespa à Vienne, Moscati à Milan » (t. 2, p. 152). M. Franck n'a pas aussi bien traité quelques autres chirurgiens de la capitale. Sa relation, peut-être inconnue à Paris, est très-curieuse, très-piquante, et en général très-exacte.

que ses enfans des deux lits et son épouse se disputaient le plaisir d'embellir et de rendre heureuses ; mais quand il se livrait avec le plus de satisfaction à ce riant projet, déjà la mort étendait sur lui son invisible bras ; et les apprêts de ces promenades, de ces parties champêtres dont il aimait tant à s'occuper, n'étaient plus que le sinistre présage de ce voyage sans retour dans un monde sans fin , auquel la nature a indistinctement condamné et ceux qui l'ont honorée par leurs vertus, et ceux qui l'ont outragée par leurs vices.

M. Sabatier fut attaqué, dans les premiers jours de juin 1811, d'une fièvre qui, dès son début, donna de justes alarmes à ses médecins, à ses amis, et à sa famille. Un moment on crut que la science, dirigée par d'habiles mains, triompherait de la maladie et de l'âge. Vain espoir ! l'une était mortelle, et l'autre avait usé les ressorts de la vie.

L'art de guérir est pour celui qui l'étudie un long apprentissage de la mort. Il lui rappelle sans cesse que sous le ciel tout se succède, tout périt, tout se renouvelle. Il lui enseigne à humilier sa pensée devant cette terrible vérité, et à se préparer lui-même à subir à son tour cette inévitable loi.

M. Sabatier ne brava point le trépas ; il l'attendit sans le craindre, toujours conservant quelque lueur de cette espérance qui est chez l'homme ce qui meurt le dernier, et s'affectant moins de la nécessité de quitter la vie que de la dégradation physique qui ouvrait lentement la tombe sous ses pas.

On venait de le rappeler d'une longue syncope, dont son fils éploré avait été le triste témoin. Profitez, lui dit - il, mon fils de cette dernière leçon, et que ce soit encore votre père qui vous apprenne à mourir (1).

Parmi les débris d'une vie défaillante, son esprit conserva toute sa présence, son ame toute son énergie, et son cœur toute

---

(1) Il a justifié cette réponse qu'il fit un jour à un grand seigneur, qui lui demandait ironiquement si, dans ses longues recherches d'anatomie, il avait par hasard trouvé l'art de prolonger la vie ? « Non, monsieur le duc, lui dit - il ; mais au moins j'y ai appris un secret que vous ne connaissez peut-être pas, c'est celui de ne pas craindre la mort » Descartes avait déjà fait une réponse à peu près semblable à une pareille demande.

sa sensibilité. Il remercia son épouse et ses enfans de leurs soins affectueux, les invita à se consoler, à continuer de s'aimer, à ne faire désormais qu'une même famille, et il cessa de vivre le 19 juillet 1811, terminant sa soixante-dix-neuvième année.

Pendant sa maladie, l'Institut et la Faculté de Médecine s'étaient, à chacune de leurs séances, informé de son état avec le plus vif intérêt. Leurs députés et la plupart de leurs membres assistèrent à ses funérailles, où deux de nos confrères payèrent à sa mémoire un honorable à-compte sur la dette qu'après eux je viens trop peu dignement sans doute d'acquitter (1). Une foule d'élèves, d'étudians, de citoyens de tous états, les chirurgiens de la garde, de la garnison et des hôpitaux, beaucoup de médecins et de pharmaciens distingués, suivirent son cercueil jusqu'au lieu de la sépulture. Un détachement d'invalides armés rendit à sa dépouille mortelle les honneurs mili-

____

(1) M. le professeur Pelletan et M. le docteur Sédillot jeune. Leurs discours ont été imprimés. Après eux, M. le professeur Petit-Radel a aussi publié quelques pages à la louange du défunt.

taires ; les autres l'accompagnèrent de leurs
regrets et de leur reconnaissance.

Lorsque, sous les magnifiques voûtes du
temple de l'Hôtel, le ministre du Dieu de
justice et de miséricorde récitait les prières
sacrées sur le corps de l'homme qui fut le
plus juste et le plus miséricordieux, on
avait vu, à l'une des tribunes, le Maréchal,
gouverneur de la maison , avec ses officiers,
prenant part à la cérémonie funèbre , et
manifestant par - là la haute estime qu'il
avait toujours eue pour celui qui en était
le douloureux objet.

L'un de ses prédécesseurs (1) avait déjà
donné cet édifiant exemple lors des obsèques
de Jean Morand (2), auxquelles il assista en
deuil, à la tête de son état-major. Et pourquoi ne rappellerais - je pas ici le touchant
cortége de ces généraux de l'armée du Rhin,
qui, ne consultant que leur cœur, vinrent

(1) Messire de Boyveau, maréchal des camps et armées du
roi, commandeur de l'ordre royal et militaire de S. Louis,
gouverneur de l'Hôtel des Invalides.

(2) Il fut enterré dans l'église même de l'hôtel ; distinction
qui n'était accordée qu'aux officiers supérieurs de la maison.
*Exuviæ sitæ sunt in basilicá regiarum œdium , ubi vivens
tam benè de omnibus fuerat meritus.* Index funereus.

à Saltzbourg (1), se pencher sur la fosse du médecin en chef Lorentz, et lui dire avec attendrissement le dernier adieu. Pourquoi passerais-je sous silence la distinction glorieuse que reçut de l'illustre Fénélon la dépouille mortelle du chirurgien-major Turodin, mort, pendant le siége de Béthune, dans le palais même du pieux et savant prélat qui, n'ayant pu le sauver par ses soins empressés et bienfaisans, voulut au moins honorer son trépas, en célébrant lui - même l'office saint, auquel fut présent tout ce qu'il y avait de généraux et d'officiers de marque dans la ville de Cambrai (2).

(1) Le respectable Lorentz fut emporté en quarante - deux heures par un choléra-morbus que rien ne put calmer. C'était le 2 pluviose an 9. Le grand quartier-général et la plupart des généraux cantonnés dans le voisinage de Saltzbourg, se trouvèrent, en crêpe, à son enterrement. L'auteur de cet éloge lut un discours sur la fosse de son ami et de son collègue. Il était réservé à M. Coste de louer dignement, et avec l'éloquence et la sensibilité qui lui sont propres, l'homme qui a fait le plus honneur à l'homme, et l'un des médecins qui ont le plus honoré la médecine.

(2) *Quot quot in urbe tunc erant duces et præfecti, exequias cohonestavére.* Index funereus.

Turodin était chirurgien - major des chevau - légers de la garde. En ce temps il n'y avait guère de chirurgiens habiles et en réputation qui n'eussent servi aux armées ou dans les

C'est ainsi que devraient être traités ces serviteurs dévoués et généreux qui, ayant eu à choisir dans la carrière des charges publiques, ont pris pour eux la part la plus pénible et la moins avantageuse, et qui, durant leur vie, employée toute entière à faire le bien, ont acheté si chèrement le droit d'être distingués au moins après leur mort.

---

régimens. J. L. Petit avait fait huit campagnes de guerre, comme chirurgien aide-major, et ensuite comme chirurgien-major. Son fils en avait fait quatre, tout jeune qu'il était, quand il mourut. Henri Ledran, Arnaud, Beissier, etc., s'étaient toujours honorés du titre de chirurgien – militaire : c'était pour eux le plus beau titre. On n'obtenait alors que difficilement les emplois civils, si on n'était allé les gagner à la guerre. Il serait à desirer que cet usage revînt, et qu'on ne pût être admis à remplir une place de quelque importance qu'après avoir servi plus ou moins d'années dans la troupe ou aux armées.

Pierre - le - Grand fit faire de magnifiques funérailles à Areskins, son médecin, et y assista, portant à la main une torche allumée.

F I N.